HÁ UM
DIAMANTE
EM VOCÊ

© 2019 Buzz Editora

Publisher ANDERSON CAVALCANTE
Editora SIMONE PAULINO
Editora assistente LUISA TIEPPO
Projeto gráfico DOUGLAS WATANABE
Revisão JULIANA BITELLI, ANTONIO CASTRO e
TAMIRES CIANCI VON ATZINGEN
Arte da capa AGÊNCIA PATER

Dados Internacionais de Catalogação na Publicação (CIP)
de acordo com o ISBD

M386h Martins, Carlos Wizard

    Há um diamante em você / Carlos Wizard Martins. –
       São Paulo : Buzz, 2019.
       200 p. ; 16cm x 23cm.

    ISBN: 978-85-93156-98-4

1. Autoajuda. 2. Empreendedorismo. 3. Negócios. I. Título.

                                               CDD 158.1
2019-415   CDU 159.947

Elaborado por Vagner Rodolfo da Silva - CRB-8/9410

Índice para catálogo sistemático:
1. Autoajuda 158.1
2. Autoajuda 159.947

Todos os direitos reservados à:
Buzz Editora Ltda.
Av. Paulista, 726 – mezanino
cep: 01310-100 São Paulo, sp

[55 11] 4171 2317
[55 11] 4171 2318
contato@buzzeditora.com.br
www.buzzeditora.com.br

HÁ UM DIAMANTE EM VOCÊ

CARLOS WIZARD MARTINS

BUZZ

Dedico este livro a você que trabalha
enquanto alguns dormem,
estuda enquanto alguns descansam,
persiste enquanto alguns desistem
e realiza seus sonhos
enquanto alguns os abandonam.

Sumário

Introdução | 9

Capítulo 1 | Há um diamante em mim? 13

Capítulo 2 | Uma escola de empreendedores 19

Capítulo 3 | Como lapidar um diamante 23

Capítulo 4 | Uma gota virou um oceano 33

Capítulo 5 | Empreender como estilo de vida 47

Capítulo 6 | Brasil: terra de diamantes 53

Capítulo 7 | Diamantes! Diamantes! 59

Capítulo 8 | Lapidamos diamantes 63

Capítulo 9 | Você nasceu para brilhar! 195

Introdução

Um diamante é uma pedra bruta formada num ambiente de pressão, que para ganhar valor, precisa ser lapidado e, para aumentar seu brilho, precisa ser polido. Neste livro você verá como um líder admirado e respeitado, recebe uma carga enorme de pressão pela responsabilidade assumida. Saber lidar com a *pressão* é essencial na busca do sucesso, e é um desafio que exige preparo e desenvolvimento de novas competências. Quem não é capaz de suportar uma grande dose de pressão não está apto a alcançar grandes realizações. Neste livro você verá também como somos *lapidados* pela vida, com aprendizados importantes que precisamos absorver, que geralmente vêm através da dor. E o que faz o líder brilhar? A resposta consiste em compartilhar conhecimentos, ajudando outras pessoas a se desenvolverem. Essa é a única forma sustentável de um líder ser polido e de fato potencializar seu brilho, irradiando luz a todos ao seu redor.

Acredito que o empreendedorismo é a melhor maneira de transformar a condição de uma pessoa, pois somente quando ensinamos o outro a buscar um objetivo comum é que criamos a sustentabilidade de um negócio. Essa lição eu aprendi com meu pai, que, desde muito cedo, me ensinou a trabalhar, a não ter medo das pessoas, e foi, sem dúvidas, meu maior professor nos momentos em que precisei de conselhos diante dos desafios de minha trajetória. Se outrora eu aprendi com meu pai, hoje transmito esses ensinamentos não só aos meus meus filhos, mas a todos os companheiros que trabalham comigo nos mais diversos negócios do grupo Sforza.

Há dois anos, junto com minhas filhas Priscila e Thaís, demos um passo importante no grupo, fundando a Aloha, uma empresa cujo objetivo é ajudar os outros a empreenderem com qualidade de vida, por meio da comercialização de produtos que são referência em bem-estar e saúde, aproximando as pessoas e conectando-as umas as outras e à natureza. Neste livro eu abro meu coração e compartilho, por meio de casos concretos, os fatores que nos levaram a empreender nesse segmento, em família, preservando os conceitos importantes para o êxito de um negócio. Explico também como muitas vezes o diamante que procuramos está bem perto de nós.

Partindo do princípio de que toda pessoa tem um diamante dentro de si, é necessário, antes de tudo, que ele seja reconhecido, depois extraído das profundezas do próprio interior, lapidado e finalmente polido para então revelar todo o seu brilho. Esse é um processo que demanda tempo, disciplina, dedicação, por isso os diamantes são tão valorizados.

Ao longo da leitura, você conhecerá histórias reais que aconteceram comigo, com minhas filhas e com parceiros de negócios em todo o Brasil que conseguiram alcançar o êxito e como cada um pode fazer sentido na sua vida, por meio dos aprendizados delas extraídas. Espero que por meio deste livro você consiga contemplar novos cenários de realizações e descubra o diamante adormecido que está dentro de você. Boa leitura!

Carlos Wizard Martins

Capítulo 1

Há um diamante em mim?

Décadas atrás, ouvi uma história, na verdade simples, mas que ficou em minha mente e cuja filosofia até hoje me norteia. Um relato que se manteve pela tradição oral, contado e recontado por muitas gerações, até chegar aos dias de hoje, como fábula ou metáfora; ainda que seja melhor designá-la como parábola, considerando o ensinamento e a ideia que traz: simples e verdadeira.

A história começa assim. Havia, na África, há mais de duzentos anos, um rico fazendeiro fascinado por diamantes. Aquele continente era completamente diferente do de hoje; distinto em sua divisão territorial, populações, tribos, linguagens, usos, costumes e hábitos. A obsessão por diamantes crescia mais a cada dia no íntimo do fazendeiro que, a certa altura, já com certa idade, decidiu vender tudo o que tinha, e que não era pouco: grandes extensões de terra, bem formadas, que produziam muito.

"Por que está fazendo isso?", questionavam seus amigos. "Sua vida está feita, o que mais você pretende?" O fazendeiro, convicto, respondia: "Sei que em algum lugar deste continente existem diamantes de enorme quilate. Vou em busca deles. Quero os maiores, os mais valiosos. Só assim poderei me considerar um homem feito, realizado". Ainda assim, os outros não entendiam e insistiam: "Para quê? Você está louco? Vai largar tudo aqui em troca de uma ilusão? De uma utopia?".

Nada demoveu o fazendeiro daquela ideia. Ele conseguiu um bom comprador para suas terras e plantações, juntou dinheiro e partiu. Suas indicações eram vagas sobre uma ou outra região em que outras pessoas haviam encontrado diamantes e enriquecido. Percorreu grandes distâncias, pesquisou, investigou e seguiu em frente; atravessou grandes regiões, savanas, desertos, florestas; viu rios caudalosos, cachoeiras, planícies. Durante o percurso, encontrava diamantes pequenos, nenhum semelhante ao diamante com que ele sonhava. Ainda assim, o fazendeiro prosseguia. Corriam dias, meses, anos, e ele persistia. Em alguma parte, ele acreditava, estava o diamante com o qual sonhava; e isso alimentava seu desejo.

O tempo passou e o fazendeiro percebeu seu peso; o dinheiro minguava, mas a busca tinha se tornado obsessão, e ele prosseguia. O diamante tinha de estar em alguma parte. Apontavam ora um lugar, ora outro, onde ele já havia passado duas, três vezes. Contavam mentiras e ele acreditava, mudava o rumo, retornava. Nada. Nosso homem continuava obstinado. Ele acreditava que iria encontrar: "É impossível não achar meus diamantes; este continente é a terra deles, quantas fortunas foram feitas aqui?".

Certa vez, durante a caminhada, um velho de uma tribo localizada no Zimbábue garantiu ao fazendeiro que se ele escavasse determinado lugar, encontraria um diamante do tamanho de um elefante da savana, o maior do mundo. O fazendeiro então contratou homens que começaram a cavar, cavar, cavar; por anos eles cavaram e uma enorme cratera se formou no lugar, tão grande que diziam que, dentro dela, poderia caber o Monte Meru, um dos montes mais altos do continente. Ainda que eles não encontrassem o diamante, o fazendeiro mandava que prosseguissem, que cavassem e cavassem, pois ele tinha certeza de que estava ali.

As tribos da região, com o crescimento da cratera, tiveram medo daquele buraco, que agora avançava sozinho, impulsionado por movimentos naturais das placas, e ameaçava engolir tudo a sua volta. Certa noite, eles agarraram o fazendeiro, o colocaram dentro de um saco, fixado no dorso de um elefante que partiu sem destino. Com as chuvas e os ventos, o saco apodreceu, rasgou, e o fazendeiro se libertou. Livre, ele decidiu retornar a sua cidade de origem – se considerando um fracasso, triste, mas com a convicção de que ele ao menos tentara.

Quanto à cratera, quem quiser pode consultar os livros ou até mesmo o Google e verificar que existe uma fenda, que vai do Golfo de Áden até o Zimbábue, considerada misteriosa, que há anos aumenta e se alarga de maneira inexplicável. Seria lenda, mito ou *fake news*? Quem de nós sabe sobre esses mistérios?

Para matar a saudade, certo dia, o fazendeiro voltou a sua fazenda. Ao chegar, ele foi muito bem recebido pelo comprador, que progredira muito ao longo dos anos. Na hora da refeição, o antigo fazendeiro percebeu, em cima de um armário, um objeto que brilhava quando tocado pela luz. "O que é isso? Tão bonito e tão grande", perguntou. Ao que o comprador respondeu: "Não sei, encontrei e gostei. Um dia estava levando meu gado por um riacho e dei com essa pedra, pesada, precisei trazer no lombo de um burro. Linda demais, quem vem aqui fica fascinado". "Pode me levar ao lugar onde você a encontrou?"

Os dois então partiram. O fazendeiro foi deixado sozinho, ao lado do riacho, e começou a caminhar pela água; cutucando aqui, ali, trouxe enxadões, pás, e se descobriu dentro de uma mina de diamantes riquíssima. De acordo com a história, a maior encontrada na África até então.

Escutei essa história pela primeira vez quando eu ainda era um estudante universitário na Brigham Young University, em Utah, nos Estados Unidos. Desde então, ela não saiu mais da minha mente; seu significado é muito profundo e verdadeiro. Parece ser da natureza do ser humano buscar realização em terras distantes, em lugares longínquos, sem perceber que a riqueza, o diamante precioso, está bem próximo, dentro de sua própria casa. Mais simples ainda: o diamante está escondido em você, em sua alma, ao seu alcance – basta explorá-lo.

Esse episódio voltou à minha cabeça quando vivi uma experiência incrível, que me acrescentou um conhecimento enorme sobre como empreender e com quem contar para a expansão dos negócios. Nos próximos capítulos, vou compartilhar esse relato, que me fez sentir como o próprio fazendeiro, com você.

Verdadeiros líderes são como diamantes: raros e preciosos.

Capítulo 2

Uma escola de empreendedores

A vida é uma coisa fantástica: às vezes, clara e límpida, outras, com enigmas e mistérios que precisamos decifrar – está aí o fascínio de nossa existência. Certos pontos parecem soltos, mas, a certa altura, percebemos uma forte ligação entre eles, não por acaso. Começo por relatar uma viagem aos Estados Unidos, em 2015, para participar de um seminário, a convite de Mitt Romney, empresário de prestígio no mercado financeiro. Em 1984, Romney fundou a *Bain Capital*, primeira empresa de *private-equity* do mundo. Desde 2012, ele comanda um encontro da alta cúpula executiva, que acontece durante três dias, a portas fechadas, nas montanhas de Park City, em Utah.

Em 2012, Mitt Romney disputou a presidência com Barack Obama como adversário e, à época, estimou-se que sua fortuna era duas vezes maior que as fortunas dos oito últimos presidentes dos Estados Unidos juntos. Se tivesse sido eleito, Romney seria um dos presidentes mais ricos da história, somente atrás de Donald Trump.

Àquela altura, eu acabara de vender minhas empresas, e me questionava sobre o que faria de meu futuro profissional. Devo me aposentar? Devo investir? Não devo? Será que vou passar o resto de meus dias apenas descansando? Ou talvez fazendo filantropia? Todas essas eram questões que passavam pela minha cabeça. Certo dia, durante o encontro promovido por Romney, ouvi uma palestra de Arthur C. Brooks, colunista do *The New York Times* e autor de vários livros sobre os impactos do empreendedorismo. Em seguida, em uma conversa, Brooks tocou em um ponto que me fez pensar, que me marcou muito: "Carlos, se você quer fazer a diferença em seu país, deve continuar empreendendo. Foi assim que você conquistou sua fortuna. Por que não ensinar outras pessoas a fazer o mesmo? Quando as pessoas empreendem, elas mudam de atitude, aumentam sua visão, ampliam seus horizontes, transformam o ambiente ao seu redor, enfim, transformam o mundo. Faça isso, ensine os brasileiros a empreender".

Voltei para casa com esse pensamento em mente e aceitei o desafio, como uma inspiração divina. Continuar a empreender, ensinar a empreender, formar empreendedores – algo amplo –, realizar projetos que tivessem impacto positivo em meu país. Coincidentemente, naquele encontro inesquecível em Park City, encontrei outros executivos ligados ao setor de vendas diretas, que compartilharam suas experiências bem-sucedidas com esse modelo de negócio. De maneira gradual, criou-se em minha mente uma visão embrionária de seguir empreendendo através dessa modalidade de negócio. Fixei-me nesse modelo: vendas diretas, algo possível para qualquer pessoa interessada em ter o próprio negócio, sem a necessidade de investir milhões para dar início a uma atividade empresarial. A partir daí, passei a visualizar a possibilidade de alguém começar seu próprio negócio com mil ou dois mil reais. Ela poderia começar, digamos, vendendo produtos de consumo diário, ganhando confiança em si mesmo e no negócio aos poucos, obtendo lucro, comprando mais produtos, chamando os amigos, formando uma rede de parceiros, e assim, um passo de cada vez, se tornar um grande empreendedor. Eu me perguntava: "Qual rumo tomar? Qual linha de produtos comercializar? Qual conceito diferenciado deveria trazer ao mercado brasileiro?". Eu sabia que não podia fazer o que já existia. Se eu quisesse vencer, teria que ter algo inovador na essência do produto e no modelo empresarial. Enquanto pensava em tudo isso, havia apenas uma certeza em minha mente: "Não vou me aposentar. Vou auxiliar o maior número de pessoas a empreender, crescer e vencer através do negócio próprio. Vou fazer do empreendedorismo uma missão de vida".

O diamante não teria seu valor se fosse encontrado em cada esquina.

Capítulo 3

Como lapidar um diamante

Neste ponto, relato um momento do passado, um momento em que tive uma surpresa e uma revelação. Foi um dia feliz para mim, descobri que minhas filhas Thais e Priscila, então com nove e sete anos, talvez inspiradas pelo pai, davam seus primeiros passos como empreendedoras. Eu não contava com isso, foi algo natural.

Na ocasião, eu voltava dos Estados Unidos com um presente inusitado para as meninas. Era uma caixa cheia de adesivos perfumados, sensação da época entre a criançada norte-americana, assim como são entre nós os álbuns da Copa do Mundo, que de tempos em tempos fascinam e envolvem milhares de pessoas. Esses adesivos perfumados não existiam no Brasil. Eles tinham diversos temas: adesivos com a figura de uma fruta tinham o aroma da fruta; se fossem uma xícara de café, teriam o aroma do café; de uma pizza, e seguiam essa lógica – as crianças ficavam fascinadas. Cada cartela focava em um tema e os adesivos vinham impregnados com o cheiro da figura. Apesar de ser comedido, errei na dose – coisa de pai que procura agradar as filhas: cada menina ganhou cinco caixas, sendo que cada uma continha cem cartelas, e cada cartela, vinte adesivos, ou seja, quinhentas cartelas para cada uma. A Thais, que é rápida com a matemática, logo disse: "Pai, acho que dessa vez você exagerou mesmo. Temos dez mil adesivos. Vai durar toda a vida". Bem, fazer o quê? Os adesivos eram delas, e elas podiam fazer o que quisessem com tal presente.

Ao ver aquele monte de cartelas, Thais concluiu que as duas iriam brincar por muito tempo. Mesmo usando bastante, ou desperdiçando além da conta, ainda sobraria um bocado. Elas também poderiam dar para as primas e colegas da classe. Demonstrando os primeiros sinais de espírito empreendedor, então, o que fez Thais, ainda na terceira série? Separou suas cartelas e as cartelas da irmã e levou o "excesso" para a escola. Resolveu vender por um real cada cartela. O cheirinho de fruta virou atração e as amigas começaram a comprar várias figurinhas; algumas compravam uma cartela por um real para revender por dois reais no bairro onde moravam. De repente, minhas filhas começaram, sem perceber, a formar uma pequena rede de distribuidoras. Cada dia chegavam em casa com um dinheirinho extra no bolso, resultado da venda do dia. E lembrar que ainda não existia internet, redes sociais, tudo era contato pessoal, venda direta. Quando iam à escola, elas pareciam felizes por promover seus produtos. Certo dia, elas chegaram em casa e me mostraram: 52 reais, em um único dia de "vendas".

Ao acompanhar toda essa movimentação, fiquei ainda mais feliz do que elas. Jamais imaginei que um simples presente pudesse despertar o espírito empreendedor das minhas "meninas", de forma tão espontânea e natural – a maçã não cai longe da macieira. Thais conta que até hoje se lembra da minha reação: "O rosto do pai se iluminou, um sorriso se abriu, ele se mostrou feliz e orgulhoso de ver as filhas empreendendo". Naquele momento, como a vida é um conjunto de ciclos que se alternam, que se repetem, me vi de volta a determinado período de minha infância, quando, filho de caminhoneiro, eu saía, depois da escola, para vender de porta em porta as roupas feitas em casa por minha mãe.

Algum tempo depois, outro episódio revelou como a personalidade dessas duas meninas foi moldada. Hoje, mães de família, integradas ao mercado, acompanhadas por maridos que tocam seus próprios negócios, à parte. Eu e minha esposa adotamos, desde o princípio, uma forma muito peculiar de educar nossos filhos. A chave dessa criação sempre foi a liberdade de escolha e a responsabilidade individual por seus atos. Thais e Priscila se lembram de como a mãe costumava "pegar no pé" de cada uma para que estudassem. Havia, inclusive, um incentivo financeiro: a cada nota dez que tirassem nas provas, elas ganhariam dez dólares. O dinheiro deveria ser gasto em uma futura viagem aos Estados Unidos. As meninas teriam de aprender a ganhar, a poupar e a administrar o próprio dinheirinho. Finalmente, quando Thais tinha dez anos e Priscila, oito, chegou o momento da tão esperada viagem: uma convenção em Orlando para comemorar os dez anos da empresa. Na ocasião, queríamos encantar os franqueados com um evento inesquecível, mas a empresa ainda estava no início e a grana era curta. Por isso, tudo era feito com muita cautela, cada centavo era contado.

Existem certas lições que passamos aos nossos filhos que apenas veremos o impacto mais tarde. No mesmo ano da viagem, cada filha tinha acumulado sessenta dólares para gastar. Ao passar por uma loja no parque *Sea World*, as duas viram uma boneca Barbie temática que vinha junto com uma pequena baleia. A boneca custava, então, trinta dólares, metade do dinheiro que tinham guardado. Thais depois me contou que, naquele momento, ela conversou com a irmã Priscila e sugeriu a seguinte proposta: "Sabe o que estou pensando em fazer? Vou pedir ao *daddy* pra comprar essa boneca pra mim!" – aliás, até hoje ela me chama de *daddy* –; a proposta continuou: "Ele está superfeliz com a festa, o sucesso dos negócios. Ele nem vai pensar no preço da boneca. Vai enfiar a mão no bolso e me dar o dinheiro de uma vez". Penso que, naquele dia, este pai racional frustrou a expectativa da filha. Minha reação não chegou perto do que ela havia imaginado, parecia que nem conheciam o próprio pai. Minha atitude foi bem o contrário: "Você quer que eu dê a Barbie? Não, minha filha. E por que não? Esqueceu que você trabalhou e ganhou seu próprio dinheirinho? Fruto do quê? De seu empenho e de sua disciplina de poupar. Agora, você pode comprar a boneca com ele. Se acha que deve gastar cinquenta por cento do que economizou com as notas em uma compra só, ou seja, em uma boneca, vá em frente. Pagamos com prazer pelos nossos sonhos. Mas pense duas vezes. Se realmente é isso que deseja, pode comprar! O dinheiro é seu!".

Já adulta, Thais confessou a mim que aquela experiência, vivida aos dez anos de idade, lhe ajudou a entender mais tarde o significado da palavra *accountability*: responsabilidade pessoal por seus atos e escolhas. Bem, de volta à compra da boneca Barbie no *Sea World*, sabe o que as duas resolveram fazer? Cada uma deu quinze dólares e a Barbie foi comprada em sociedade. Dessa forma, o custo foi menor e as duas planejaram o "uso": cada semana a boneca "pertenceria" a uma delas.

Mas você deve estar se perguntando o seguinte: o que a experiência da compra da Barbie tem a ver com a história do fazendeiro fascinado por diamantes e, mais, com o surgimento da escola de empreendedores? Já vamos chegar lá. Embora minhas filhas não precisassem abrir mais uma empresa para aumentar seu patrimônio, é essencial desvendar um pouco as personalidades de Thais e Priscila, e como elas foram criadas para entender como agem, trabalham, pensam, quais são seus princípios éticos e o que guia a sua racionalidade. Nada melhor do que exemplos da vida real para alcançar esse entendimento. Compreender a maneira como elas foram educadas e formadas. Neste livro compartilho experiências da minha vida, da minha família, de empreendimentos e de como os elementos se encaixam numa perspectiva maior. Me permitam, portanto, outro um exemplo.

Quando Thais tinha quatorze anos de idade e Priscila, doze, recebi em Campinas a visita de Elder Jeffrey R. Holland, apóstolo da Igreja de Jesus Cristo dos Santos dos Últimos Dias. Naquele encontro, fui convocado como presidente de uma missão da Igreja e, mais tarde, informado de que viveria, durante três anos, entre a Paraíba, o Rio Grande do Norte e parte do Ceará. Eu e minha família deixamos tudo para trás, e nos ocupamos somente desse chamado. Parti com minha esposa Vânia e nossos filhos: Thais, Priscila, Nicholas e Felipe – os meninos, à época, com três e um ano de idade. Nossa designação seria cuidar de aproximadamente quinhentos jovens durante três anos. Como é de praxe, entregamos os negócios a executivos competentes e de confiança, e partimos. Era evidente que nossa vida mudaria muito a partir dali, mas aceitamos o chamado de Deus e nos instalamos em João Pessoa, no bairro de Manaíra.

Creio que seria melhor ceder a palavra à Priscila para que ela narre o impasse imediato que essa mudança provocou nela, e a atitude tomada pelos pais para auxiliar a filha a superar seus próprios desafios. Segundo suas palavras:

"Seguimos com a família para a Paraíba. Eu tinha doze anos e nossos irmãos mais velhos estavam no Texas e na África, também servindo em missão da Igreja. Meu primeiro desafio foi com a escola. Apesar de bons colégios, o ensino em João Pessoa e em Campinas era completamente diferente com relação à estrutura de notas, bimestres, trimestres e sistemas de avaliação. Em Campinas, eu tinha oito professores, na capital da Paraíba, dezessete. Para se ter uma ideia, minha matéria favorita, matemática, era dividida em três partes: a matemática propriamente dita, a álgebra e a geometria. No final de agosto, meu primeiro mês de aulas, minhas notas foram uma catástrofe. Recebi meu boletim escolar, e em matemática a nota era dois.

A nota dois parecia gigantesca, brilhava em vermelho-neon naquele boletim. A caminho de casa minhas pernas tremiam. Como explicar aos meus pais? Como justificar essa nota em minha matéria favorita? Comecei a imaginar todas as possíveis escapatórias. Em primeiro lugar, eu pensei, os culpados eram os professores, que não me olhavam, não falavam comigo, não me ajudavam, nem sabiam meu nome, não estavam nem aí com essa aluna recém-chegada do interior de São Paulo. Mostrei o boletim aos meus pais, e olhei para eles; aquela era a nota mais baixa que já tinha tido na vida. A história de descarregar nos professores não colou. Eles olhavam para mim, à espera. Usei outro método, fiz o que todos os filhos fazem: ataquei os pais, ou melhor, a mãe. Descarreguei nela: 'Mãe, você, neste mês inteiro, não sentou comigo uma só vez, não me ajudou a estudar, não perguntou como eu ia nas matérias, nem olhou minhas lições'; e assim segui.

Terminei meu repertório de desculpas, daí me disseram: 'Acabou? Saiba, filha, você já tem doze anos de idade, já não é mais uma criança. Você é a única responsável por suas notas, por seus estudos. A lição de casa, se você fez ou não fez, se estudou ou não estudou, nós nunca cobramos. Mas, no final de cada etapa, você e sua irmã sabem que vamos olhar os resultados. Se estiver precisando de ajuda durante o percurso, é seu dever procurar ajuda. Em nenhum momento você nos disse, nunca admitiu que estava enfrentando dificuldades na escola. Será que você nunca percebeu que de casa até o colégio há pelo menos oito cursos especializados em reforço escolar?'.

– Percebi. E...?

– E? Sabe o que você vai fazer logo depois o almoço?

– Não faço a menor ideia.

– Você vai sair em direção à rua que leva até o colégio, à procura de um curso de recuperação. Vai entrar em cada um deles, examinar o que oferecem, os currículos, quem são os professores. No fim, você vai avaliar aquele que te parecer mais confiável. Avalie bem, porque seu objetivo é se recuperar, dominar esses conceitos, refazer e passar nas provas, avançar. Outra coisa, negocie os preços, saiba o que você vai pagar e se é justo pelo que te oferecem. Você tem de ser protagonista de sua vida. Se não assumir responsabilidade por seus resultados, ninguém irá fazer isso por você.

E assim aconteceu. Dos meus doze anos, quando precisei e consegui recuperar a nota baixa, até o final da faculdade, meus pais cobravam de nós o resultado e não passavam a mão na cabeça. Eles estimulavam nossa independência.

A palavra *accountability* nos seguiu a vida toda, está impregnada em nós. E agora é isso que também passamos a nossos filhos."

Quando ainda morávamos em João Pessoa, outro episódio inesperado me assustou muito e, depois, me confortou. Thais, com quinze para dezesseis anos, viu sua mãe, Vânia, filiar-se a uma empresa de nutrição para comprar produtos com desconto. Thais, que acompanhava a mãe todo mês para fazer o pedido dos produtos, raciocinou diferente. Vou, mais uma vez, deixá-la continuar o relato:

"Minha mãe decidiu comprar os produtos para consumo próprio. Depois de um tempo, resolvi pedir que ela comprasse alguns extras, para eu poder vender."

Mesmo não sendo membro da rede, devido à idade, Thais ouvia os CDs com orientações técnicas e motivacionais de manhã, tarde e noite. Em sua cabecinha, ela já se considerava uma pequena empreendedora vendendo seus produtos a cada mês. Mais tarde, começou a participar das reuniões de treinamento onde cada pessoa contava sua própria história de sucesso. Thais, sempre muito atenta, prestava atenção em tudo. Ela estava cada vez mais encantada com o mundo fantástico do *marketing* de relacionamento, um sistema que obtinha êxito àquela altura e mudava vidas.

Quando Thais estava prestes a fazer dezesseis anos, alguém lhe informou que ela poderia se emancipar. Consequentemente, emancipada, ela poderia fazer um cadastro em seu próprio nome na empresa. Essa informação soou como música nos ouvidos dessa jovem inquieta. Ela se sentia protagonista, se achava o máximo, crescendo, fazendo algo por conta própria; no fundo, ela queria criar sua própria história de sucesso. Nessa tentativa, ela chocou a todos com sua ousadia, é o que vejo hoje. Ninguém podia calcular meu assombro quando, certo dia, Thais chegou em casa com a notícia: "Pai, tenho dezesseis anos, agora eu quero me emancipar". "Emancipar?" – levei o maior susto. Aquela garotinha, de apenas dezesseis anos, escapava de minhas mãos. Será que agora ela vai querer sair de casa? Eu sabia que situações como essa um dia aconteceriam. Inclusive nós, Vânia e eu, trabalhávamos para isso: formávamos a mente das meninas para a vida própria. Mas ainda era cedo; primeiro, elas tinham que terminar os estudos, eu havia construído planos dentro do grupo para cada uma delas, sonhava com sucessão, com continuidade, mesmo sabendo que a vida era delas. Nessas horas, ficamos conturbados. Emancipação? Por que esse assunto agora?

Em casa, temos o costume de conversar muito e, mesmo hoje, cada um com sua família, filhos, preocupações, afazeres, há uma troca constante. Foi em um desses momentos que eu disse a Thais: "Emancipação? Essa intenção mostra seu alto grau de iniciativa, noção de liberdade. Um dia também desejei o mesmo. Com dezessete anos, saí de casa e fui embora para os Estados Unidos, em busca de minha realização pessoal. Mas era diferente, outros tempos. Você tem um grande talento, você é uma pessoa criativa. Você é uma líder por natureza, mas não acha que está cedo demais, Thais?". Ao que ela respondeu: "Mas, pai, eu acho que quem está indo longe demais dessa vez é você. Eu estou bem, contente, esse é um dos momentos mais felizes da minha vida: consegui provar que posso ser protagonista, estou fazendo algo diferente. É uma fase gostosa, está dando tudo certo. Eu só quero me emancipar para fazer um cadastro em meu nome na empresa, e me tornar uma distribuidora". "Minha filha, então você não quer deixar a casa e ter uma vida independente?" "Que ideia maluca, pai. Claro que não. Nunca pensei nisso."

Na ocasião, nos abraçamos e rimos muito. Depois de algumas considerações, Thais acabou concordando que de fato era cedo para se emancipar, e que ela poderia continuar vendendo os produtos comprados pela mãe.

Alguns pais podem achar que talvez nós tenhamos sido muito severos com a criação de nossos filhos, mas, afinal, não importa o dinheiro em sua conta bancária, se você não ensinar princípios de autossuficiência a seus filhos durante a idade de formação, eles correm o risco de serem eternos dependentes dos pais.

Quando meus filhos mais novos, Felipe e Nicholas, completaram dezesseis e dezoito anos, tive uma conversa com os dois. Expliquei para ambos que já estava na hora de trabalhar para ganhar o próprio dinheiro. Alguém poderia me questionar: "Será que eles realmente precisavam trabalhar para ter mais dinheiro?". É claro que não. O que eles precisavam era aprender disciplina, a disciplina de chegar à empresa no horário, de cumprir as tarefas, de estar subordinado às regras e às normas da empresa. E qual função eles receberam? Atendentes em uma loja Taco Bell. Os dois foram para a cozinha preparar *tacos, burritos, quesadillas*, atender clientes e lavar a loja no final do expediente. Hoje, Nicholas serve uma missão da Igreja de Jesus Cristo no Amazonas e Felipe está na Califórnia. Esses episódios são algo que jamais vamos entender. Tudo parece seguir um plano divino. E alguém ainda pode questionar: "Mas o que preparar *tacos, burritos*, trabalho missionário, tem a ver com a vida real?". Em minha opinião, tem tudo a ver. No exercício dessas tarefas, as pessoas aprendem, acima de tudo, compromisso, disciplina, responsabilidade, doação a uma causa, obediência às regras; elas aprendem a servir sem esperar algo em troca. Em outras palavras, elas estão lapidando o próprio diamante.

O brilho de um diamante contagia todos ao seu redor.

Capítulo 4

Uma gota virou um oceano

Sim, sei que você, meu amigo leitor, está se perguntando: "E que tal a Aloha? Como foi que ela começou?". Pois é chegado o momento de caminharmos rumo a ela. Prefiro deixar a Priscila e a Thais fazerem esse relato, já que ambas têm parte fundamental na história. Vamos começar pela Priscila:

"Em 2007 tive a oportunidade de morar no Havaí para fazer faculdade lá e, logo cedo, tive a experiência de viver longe de casa em busca de meus objetivos. De todo aprendizado que tive nesse período, algo de que me recordo com carinho é a forma acolhedora como o havaiano recebe as pessoas. Talvez por ser um ponto turístico tão procurado, os moradores aprenderam a valorizar muito o convívio com as pessoas, têm um estilo de vida diferente, mais leve, uma forte conexão com a natureza. Isso marcou minha vida desde cedo, eles têm um senso de comunidade muito grande.

Três anos depois, quando eu já era mãe, fui presenteada por uma havaiana com um frasco de óleo essencial de lavanda; minha filha Isabela, de 9 meses, tinha dificuldades para dormir e essa mulher me garantiu que bastava eu massagear os pés da minha filha naquela noite que ela dormiria bem. E assim o fiz, massageando os pezinhos dela com o óleo de lavanda, tive uma grande surpresa. Uma noite de sono completa, em paz, sem interrupções. Enfim, pude descansar sete horas, depois de meses sem dormir direito!

Foi aí que comecei a estudar tudo o que eu podia sobre óleos essenciais para entender o que era essa maravilha poderosa. Liguei radiante para minha irmã Thaís, que estava no Brasil. Contei o que tinha acontecido e, para minha alegria, ela disse que iria estudar sobre os efeitos dos óleos e usar com seus dois filhos pequenos."

Conheço minhas filhas, sei quando são tocadas por algo novo. Elas tinham se apaixonado pelo assunto. Logo em seguida, a Thais, mais impulsiva, numa oportunidade que teve de comprar óleos essenciais de uma amiga que iria aos Estados Unidos, logo disparou: "Mesmo sem saber bem o que são esses óleos, traga uma caixa pra mim". Talvez de forma inconsciente ela tenha se lembrado da caixa de adesivos perfumados, de quando ainda estava na terceira série do ensino fundamental. Talvez ela tenha conseguido visualizar uma oportunidade que, usando os óleos em sua própria casa, ela poderia, depois, promovê-los entre suas conhecidas. A amiga explicou que o produto era importado e levaria um mês para chegar ao Brasil. Trinta dias depois, Thais recebeu a encomenda e como no momento estava ocupada com outros assuntos, colocou-a no armário e esqueceu de sua existência.

A dor de garganta da Lydia

Foi quando Lydia, minha netinha, filha mais velha da Thais, teve uma dor de garganta muito forte – não tivesse tido, talvez nada teria acontecido. Em momentos assim, pensamos se é acaso, coincidência, ou se uma porta se abre e cabe a nós a decisão de entrar ou esquecer, deixar passar. Dizer "é aqui", "vamos lá!": a partir desse ponto, tudo pode acontecer e é aí que o empreendedor se revela.

Deixo agora a Thais continuar a narração.

"Tarde da noite, minha filha Lydia, de três anos, se queixava muito de dor de garganta. Olhei e a garganta estava branca, toda inflamada; e na hora, o que eu fiz? Liguei para o pediatra uma, duas, três, quatro, cinco, seis vezes. Acho que era final de semana ou feriado, ou ele estava com o celular desligado. Ninguém atendeu minha ligação. Liguei para minha mãe. Ela me aconselhou a encontrar o médico, pois poderia, por um lado, não ser nada de mais, mas, por outro, poderia ser grave. Agoniada, comecei a pesquisar na internet – o doutor Google muitas vezes é nossa salvação: garganta branca significa infecção bacteriana; portanto, necessitava de medicamento, antibiótico.

Não queria dar antibióticos para minha filha. De repente, olhei para o armário e dei de cara com os óleos essenciais. Não tive dúvida. Eu tinha o exemplo da Priscila com a Isabela para me apoiar, também já tinha ouvido dizer que resolveu o problema da asma da filha de minha amiga, por que não experimentar com a Lydia? Procurei o protocolo dos óleos: um passava no pé, outro na garganta. Assim fiz, e no dia seguinte a Lydia já tinha melhorado da dor. O mais incrível foi que, dois dias depois, a brancura da garganta desapareceu por completo; ela estava normal, vermelhinha. Naquele instante, o que eu pensei? Que aquilo era muito poderoso mesmo. Motivada pelos resultados positivos que a Priscila tinha usando os óleos em seus filhos, eu agora tinha um resultado muito relevante em casa, isso me deixou mais animada para estudar mais e mais."

A Priscila se lembra também dos episódios de refluxo que seu marido sofria. Nenhum médico responsável pelas alterações gastrointestinais conseguia resolver. Diante da situação, ela se perguntou: "Será que os óleos essenciais podem resolver essa questão?". Segundo suas próprias palavras: "Simplesmente entreguei o frasco de óleo a meu marido, que passou a usá-lo metodicamente. Dias depois, os sintomas também desapareceram".

Todas essas experiências serviram de inspiração para minhas filhas. Elas concluíram que aquele tesouro não poderia ficar somente guardado para elas. A todo momento, as duas afirmavam: "Temos que compartilhar com o maior número de pessoas". A partir de cada uma das constatações pessoais, as meninas se aprofundaram na pesquisa e no estudo dessas gotas poderosas e descobriram, juntas, que os óleos essenciais foram um dos primeiros medicamentos da humanidade. Por milhares de anos, médicos egípcios e chineses usaram óleos derivados de plantas aromáticas em diversos tratamentos. No Egito, por exemplo, essas substâncias eram utilizadas no processo de embalsamamento – cuja fama é de que são os mais perfeitos do mundo. Óleos bem preservados foram encontrados em frascos de alabastro no túmulo de King Tut, também conhecido como Tutancâmon, o mais célebre dos faraós. Centenas de fórmulas em hieróglifos foram encontradas nas paredes de templos egípcios dedicados à produção e à mistura de óleos. Também na Bíblia, cerca de 188 referências aos óleos essenciais, tais como o incenso, a mirra e o alecrim, podem ser constatadas.

"Será que isto basta?", Thais e Priscila se questionavam. "Qual o uso dessas substâncias hoje? Como a ciência moderna vê os óleos essenciais que queremos abraçar?" Foi quando percebi ambas "tomadas" pela ideia, e desejavam ir adiante. "Seria apenas um daqueles tratamentos alternativos ou mais do que isso?"

Uma medicina não é oposta à outra

Neste ponto, elas encontraram, entre outros, o trabalho da doutora Bruna Fernanda Murbach Teles Andrade, graduada em Naturologia Aplicada pela Universidade do Sul de Santa Catarina, com pós-doutorado na Aarhus

University, na Dinamarca. Segundo essa pesquisadora: "a aromaterapia e os óleos essenciais são duas vertentes tanto de ascensão comercial, quanto de objeto de estudos. Os produtos naturais são utilizados pela humanidade desde tempos imemoriais, como importantes ferramentas nos procedimentos das terapias naturais, objetivando o alívio e a cura de doenças através do uso de ervas e consistindo, possivelmente, uma das primeiras formas de sua utilização".

As duas liam o trabalho da doutora, o repetiam; conversavam entre si, cada vez mais decididas. Ambas estavam trilhando um caminho. Elas anotavam todos os detalhes e se entusiasmavam cada vez mais. Grande parte dos escritos da doutora Bruna Tales Andrade sempre as acompanhava: "É crescente a utilização e a demanda de produtos naturais em todo o mundo, especialmente devido aos problemas atribuídos a numerosos produtos sintéticos, tanto para a saúde humana quanto para o meio ambiente. As terapias naturais têm como origem as chamadas medicinas tradicionais, tendo estas sido acrescidas de novas tecnologias e pesquisas, sendo comumente chamadas de terapias complementares ou alternativas. O crescimento exponencial dessas terapias no tratamento de várias doenças agudas e crônicas tem ocorrido de forma paralela aos progressos científicos e tecnológico da medicina moderna ocidental, despertando o interesse de usuários, pesquisadores profissionais e gestores de serviços de saúde".

Nossa vida familiar continuava, a minha com elas, e a vida de cada uma, individualmente. Thais e Priscila estavam cada vez mais apaixonadas pelo assunto e queriam contar a todos. Ainda assim, elas encontravam percalços na realidade. A todo instante se perguntavam: "De que adianta falarmos entusiasmadas e com conhecimento sobre algo que traz tanto benefício, mas não existe no Brasil?". Os óleos, àquela altura, faziam parte da rotina diária de minhas filhas. Afinal, as duas eram mães de filhos que frequentavam a escola, de onde voltavam com um vírus ou outro, que caíam, que se arranhavam; ou seja, a cada momento algo diferente lhes acontecia.

Compartilhar com todo mundo

Creio que o tema atingiu seu auge quando Thais me contou que estava no exterior – não me lembro onde e não vem ao caso –, quando, ao voltarem da praia, uma das crianças estava com dor de ouvido. Ela não conhecia nenhum pediatra no lugar e lembrou que eles ainda ficariam mais dois dias, portanto ela teria que encontrar um médico. A praia logo foi cancelada e naquele instante ela acreditou que as férias estavam acabadas, agora que teria de correr atrás de um médico. De repente, um clique. Thais, na mesma hora, apanhou um pequeno frasco de óleo essencial, que sempre levava consigo, na bolsa, e passou em torno da orelha de minha neta. À noite, ela repetiu a dose. Na manhã seguinte, ao perguntar à filha se o ouvido continuava a doer, a menina respondeu que não sentia mais nada, nadinha. Ela então decidiu: "Vamos à praia!".

Ainda ressabiada, primeiro ela levou os filhos à piscina, depois, à praia. As crianças passaram o dia todo na água; e ela, sempre de olho, não saiu de perto um só segundo. A criança que antes sentira dor no ouvido estava numa boa, não sentia nada, estava curada. Nada mais aconteceu até o fim da viagem. O episódio foi a explosão de uma inquietação.

A partir daí, ela não teve mais sossego. "Tenho de compartilhar isso com todo mundo. Mas o que fazer, se não existem os óleos no Brasil?" Uma noite, com todos nós reunidos em casa, elas sentaram-se ao meu lado e percebi a agitação e a ansiedade incontroláveis, tanto de Thais quanto de Priscila. Pensei, elas herdaram o DNA empreendedor do pai. Comecei indagando:

"Minhas filhas, esse produto de fato não existe no Brasil?"

"Não! E agora, fazemos o quê?"

"Se não tem, então devemos importar."

"Como, pai?"

"Não viram que esse é um negócio? Em qual família vocês cresceram?"

"Mas, pai, agora não podemos. Somos mães, temos crianças pequenas, elas nos ocupam o tempo todo."

"Verdade. Deem um tempo, então. Um negócio exige comprometimento total."

Naquele momento, a história ficou por isso mesmo. O tempo passou e tivemos outras conversas, e naquela altura não sei se quem estava mais ansioso era eu ou elas. Comecei a cobrar decisões, resoluções; cobrei até mesmo quando começamos. Na minha cabeça, tudo ficava muito claro: estávamos diante de algo grandioso que atendia uma necessidade do mercado e tinha condições de ganhar escala, poderia chegar a todos os estados do Brasil. Toda a situação parecia como um quebra-cabeça que se montava diante de nossos olhos. As peças se encaixavam, estavam perfeitamente alinhadas ao conceito original de criar uma escola de formação de líderes, visualizada lá atrás, em Park City. A cada conversa, tudo se clareava e se ampliava. Enquanto isso, elas continuavam a usar os óleos em casa, continuavam a recomendar às amigas – o novo círculo de adeptas ao consumo de óleos essenciais aumentava.

Uma experiência ao alcance de todos

Acredito que quando estamos focados em alcançar um objetivo comum, os eventos, as circunstâncias e as pessoas certas surgem de maneira repentina à nossa frente. Nenhuma empresa surge se não tiver bons fornecedores.

Acontece que no caso especial nosso, encontrar um era um grande desafio. E houve um momento muito importante que ajudou o negócio sair do papel. Ainda no Havaí a Priscila encontrou um fornecedor internacional de óleos essenciais que trabalhava com as maiores empresas norte americanas. Com o espírito empreendedor que herdara da família, ela estreitou o contato com ele e um passo importante foi dado. Parecia que tudo estava realmente se encaixando bem. Mas houve um fato que virou a chave, de fato. Uma inspiração que a Priscila teve e que você vai saber agora por meio das palavras dela:

"Viver no Havaí é uma experiência incrível. Em cada lugar que você vai; loja, teatro, show, até igreja, as pessoas se cumprimentam com uma palavra mágica: 'Aloha'.

Aloha é uma palavra havaiana comumente usada como uma simples saudação. Seu significado se refere a vários sentimentos como amor, afeição, paz e compaixão. Porém, para os havaianos nativos, ela tem um significado cultural e espiritual mais profundo: (alo) "estar na presença de", (ha) o "sopro divino da vida", ou seja, aloha significa "estar na presença de Deus".

Minha experiência particular me levava a esse significado mais profundo, e por isso me entusiasmei tanto com o insight que tive num entardecer, na praia de Sunset Beach, ao lado do meu marido Rafael, quando observávamos o horizonte:

"Aloha é um despertar para a vida, é desligar-se da rotina diária entediante que, muitas vezes, nos aprisiona e dar um alô para o que realmente importa na vida, pois precisamos viver uma vida que valha a pena ser vivida!"

Pronto, falei alto!

"ALOHA, amor! Esse é o nome da marca!"

"Como assim? Marca? No que você esta pensando?", perguntou.

"Precisamos voltar ao Brasil e levar a maravilha dos óleos essenciais a nossa população. Precisamos oferecer um conceito inovador de tratamento natural; uma experiência que estará ao alcance de todos. Consigo imaginar como uma gota desse óleo pode se transformar num oceano lindo como esse que está diante de nossos olhos."

Naquele dia eu estava sentada na praia de Sunset, mas minha mente estava a milhares de quilômetros de distância. Foi ali mesmo que decidi voltar ao Brasil e me dedicar a ajudar as pessoas a se desenvolverem, assim como eu tinha aprendido com meu avô Antônio, com meu pai, Carlos, minha mãe Vânia. Surgiu em mim um desejo muito grande de compartilhar essa experiência de vida com o maior número de pessoas!

E sim! Eu estava disposta a abandonar a vida dos sonhos em um local paradisíaco e voltar ao meu país, para ajudar as pessoas do meu Brasil e do mundo a ter uma vida melhor. Pois, de fato, naquela tarde, eu encontrei o meu propósito!

Conversei com minha irmã, não podíamos esperar mais. Naquele momento, já tínhamos dois elementos fundamentais para o êxito do negócio. Primeiro, uma marca forte, significativa e inspiradora. Segundo, eu havia encontrado um fornecedor internacional que conhecia as principais fontes de óleos essenciais em todo o mundo. Marcamos imediatamente uma reunião com nosso pai, nosso mentor.

"Pai, está na hora! Vamos tirar esse negócio do papel."

"Ótimo, só que tem uma questão: o negócio é grande demais. Não pensem que vou entrar sozinho, vou precisar de vocês."

"Lembrem-se disso: comprometimento cem por cento. Temos que entrar com tudo. Para dar certo, tem de ser assim."

"Cem por cento. É isso. Nos comprometemos."

Então, o que minhas filhas fizeram? Eu apenas observava.

As duas se trancaram na cozinha da casa de Thais e começaram a se organizar, a discutir, a delinear uma estrutura. Quantas vezes a história dos grandes empreendimentos mostra um início modesto, em apenas um cômodo, uma garagem, partindo de uma faísca que se tornou chama. Quem leu minha história de vida, no livro *Sonhos não tem limites*, sabe que minha primeira empresa começou em nossa pequena sala de estar, um espaço mínimo, onde eu dava aulas a um aluno, dois, na sequência a um grupo, até atingir mais de três mil escolas. Segundo minhas filhas: "Quem sabe a nossa empresa possa também contar como ela nasceu na mesa de uma cozinha?".

Acredito muito no conceito de pensar grande e começar pequeno. Minhas filhas fizeram o primeiro pedido de óleo dos Estados Unidos, mesmo sem a empresa estar formalmente estabelecida – mais uma vez, elas repetiam a experiência da venda dos adesivos perfumados. Era radiante ver a emoção no rosto de cada uma delas. As duas começaram a convocar as amigas e a vender. Felizes, fizeram uma reunião com todas as mães das escolas dos filhos, capricharam na apresentação, e venderam muitos óleos. Em um segundo encontro, resolveram sofisticar o negócio: ofereceram um bobó de camarão, com o objetivo de arregimentar distribuidoras. Naquela noite, elas deram o primeiro treinamento comercial. O resultado foi muito positivo: quinze pessoas aderiram ao sistema.

Mais tarde, durante uma reunião de planejamento para a abertura da empresa, perguntei às minhas filhas:

– Quanto dura um kit de óleos essenciais?

– De seis meses a um ano, dependendo da frequência do uso.

– Então suas vendedoras vão vender um kit e vão esperar de seis meses a um ano até comprar outro?

As duas se entreolharam, surpresas e espantadas. Tinham caído na real.

– E...?

– Vocês precisam desenvolver um portfólio de produtos de uso diário, uma linha de xampus, condicionadores, hidratantes, cremes para o corpo, cremes para a mão, sabonetes, shakes e assim por diante. São coisas que se usam todo dia e necessitam reposição constante, pois acabam logo. Afinal, uma empresa será sustentável somente se vender. Conforme citei certa vez, algo que não pode faltar em uma empresa são vendas, vendas, vendas.

Em seguida, elas começaram a definir as características dos produtos: "O xampu deve ser assim, o condicionador deste modo, a máscara deste jeito". E se somavam as restrições, o que elas chamavam de "lista negra": "Nada de derivados de petróleo, nada com sulfato, nada com parabenos". Confesso que aquela linguagem era um tanto misteriosa para mim. Comecei a pesquisa com o tal "bepantol". Vi que o principal componente da linha de Bepantol Derma é o consagrado dexpantenol, também conhecido como Provitamina B5. O dexpantenol ajuda a reter a água fundamental na pele e nos cabelos, o que garante o seu efeito hidratante, e também auxilia na regeneração natural. Portanto, o Bepantol Derma cuida da saúde da pele e dos cabelos, o que é fundamental para a beleza natural de ambos.

Quanto aos parabenos, pesquisando a fundo na sequência, percebi que minhas filhas estavam com a razão, elas realmente sabiam das coisas. Trata-se de uma classe de produtos químicos que atuam como conservantes e são utilizados para eliminar micro-organismos. Porém, cientistas alertam que eles podem ser tóxicos para as células humanas – essas substâncias têm sido encontradas em pesquisas relacionadas ao câncer de mama. Em muitos países, seu uso já foi proibido.

Atualmente, quando acompanho o sucesso da Aloha, empresa que minhas filhas Thais e Priscila criaram e na qual embarquei, não me surpreendo. O conceito não caiu em suas mãos como um maná: não foi um golpe de sorte, muito menos uma herança. Não acredito em nada disso. Por sinal, a experiência tem demonstrado que dinheiro que vem fácil, também desaparece fácil. A Aloha é fruto da visão de minhas filhas de oferecer às pessoas uma experiência de vida transformadora, contando com uma linha de produtos diferenciados que geram saudabilidade. A realização desse projeto somente foi possível graças a intensidade com que ambas se entregaram à causa, abrindo o caminho para que milhares de pessoas pudessem fazer parte da família Aloha.

Às vezes caímos com a cara no chão. Mas é do chão que surgem os diamantes.

Capítulo 5

Empreender como estilo de vida

Comecei minha trajetória como empreendedor dando aulas em casa para um, dois, três alunos. Não há maneira mais modesta de começar um negócio do que essa. Se repito, é porque me orgulho do que fiz e de como fiz, de como funcionou e continua a funcionar até hoje – agora em outras dimensões. A repetição é uma das fontes do aprendizado. Assim, me avalio constantemente. Mais tarde, expandi minha atividade através de franquias, distribuídas em dez países, criando a maior rede de ensino de idiomas do planeta: três mil escolas, que geram cinquenta mil empregos e atendem mais de um milhão de alunos a cada ano.

Essa experiência no setor de educação me deu o *know-how* para desenvolver e expandir negócios. Jamais imaginei que um dia venderia minha empresa – afinal, quem me segue, percebeu que cheguei a acrescentar Wizard, que dá nome à empresa, ao meu próprio nome. No entanto, o empresário bem-sucedido é aquele que precisa saber equilibrar o lado emocional e o racional. No momento em que investidores estrangeiros me ofereceram um cheque bilionário, eu reuni a família, os filhos, os diretores e consultores financeiros, e após minuciosa análise resolvemos aceitar a proposta. Ou seja, a razão prevaleceu.

Agora eu pergunto a você, caro leitor, o que você faria se tivesse um cheque do tamanho do que me ofereceram em seu bolso? Você iria descansar? Viajar? Comprar uma casa nova? Comprar um carro novo? Investir em imóveis? Aplicar recursos no exterior? Ajudar os familiares? Fazer filantropia?

Pagar o dízimo? Se aposentar? Pois saiba que eu fiz tudo isso, exceto me aposentar. Loucura? Fanatismo? Nada disso. Em minha opinião, aposentadoria é para quem não gosta de fazer o que faz. Por não gostar, assim que é possível, descarta tudo. Quem é apaixonado pelo que faz jamais abandona sua atividade, pois ela é uma fonte geradora de satisfação, realização e prazer.

O que me motivou, após vender meu negócio, foi voltar a empreender em diversas áreas do mercado. Atualmente, possuo empresas de alimentação, educação, tecnologia financeira, produtos esportivos, entre outras. Em todos esses negócios, conto com parceiros que utilizam nosso modelo de gestão, treinamento e marca para desenvolver seu próprio empreendimento. As pessoas costumam me perguntar: "O que posso fazer se eu quero empreender, mas não tenho dois milhões de reais para abrir uma franquia do Taco Bell, da Pizza Hut ou do KFC? O que fazer se eu não tenho quinhentos mil reais para abrir uma loja Mundo Verde? Ou, ainda, o que fazer se eu não conto com 250 mil reais para abrir uma escola WiseUp ou uma Number One? Qual é o caminho do sucesso?".

Pensando em atender às necessidades dessa faixa da população, aquela que possui em si um espírito empreendedor latente, mas se vê travada pela capacidade financeira limitada, eu decidi abrir a rede Aloha. Quando anunciei o projeto com minhas filhas Thais e Priscila, muitos cogitaram "Carlos Wizard já não tem dinheiro suficiente? Ele precisa de mais?". Caro leitor, com sinceridade, a resposta a essa pergunta é não. Eu possuo recursos para não precisar trabalhar mais um único minuto de minha vida. Dito isso, sempre vem a próxima questão: "Então por que você montou mais uma empresa?". Minha resposta é simples: eu já aprendi a ganhar dinheiro. Agora, quero ensinar o maior número de pessoas a ganhar seu próprio dinheiro, quero despertar, em cada pessoa com quem eu possa me comunicar, a capacidade de empreender e liderar.

O projeto Aloha permite que a pessoa comece de forma modesta, porém com estrutura e orientação. Aos poucos, ela desenvolve técnicas de liderança e consegue criar sua própria rede de distribuição, ganha confiança em si e em sua capacidade de expansão. É dessa forma que ela se torna capaz de alcançar sua independência financeira. O mais importante, no entanto, é que a pessoa resgate a autoestima e a capacidade de sonhar grande e realizar tudo aquilo que um dia imaginou. Como mentor nessa grande escola de empreendedores levo cada um pela mão e compartilho meu tempo, experiência e trajetória para inspirar aqueles que estão dispostos a pagar o preço do sucesso. Verdadeiramente caminhamos juntos para explorar o potencial de liderança que existe no íntimo de cada pessoa.

Agora, em qual Brasil você quer viver? Temos três países dentro de um só: o Brasil das crises políticas e econômicas; o Brasil da tristeza, da pobreza e do desemprego; e o Brasil da prosperidade. Os três países estão ao seu redor. Em seu dia a dia, você convive com todos eles. Chegou a hora de decidir em qual deles você vai passar o resto da vida. Neste ponto, você já sabe qual Brasil eu escolhi, certo? Acontece que para escolher o Brasil da prosperidade, às vezes é preciso tapar os olhos, cobrir os ouvidos e abrir bem a boca: tapar os olhos e os ouvidos para as críticas e censuras ao seu redor, e abrir bem a boca para promover o seu negócio.

Infelizmente, estamos rodeados de negatividade, de pessoas céticas que em nada acreditam, que somente sabem criticar e censurar. É certo que você conhece pessoas assim. Geralmente, elas são bem-intencionadas, amigas, cordiais, que dizem alertar você dos perigos e dos riscos de um novo projeto. Depois, passada a encenação, afirmam categoricamente que seu projeto não vai dar certo. O mais interessante é que elas "sabem" todas as razões do mundo pelas quais seu projeto irá fracassar. Diante dessa situação, sugiro que você pergunte a essa pessoa, a esse suposto amigo: "Quantos negócios você fez que deu certo? Nenhum! Quantos sonhos tentou alcançar? Nenhum! Quanto lutou? Nada. Quantos ideais procurou transformar em realidade? Zero!". As pessoas de quem falo possuem personalidade arrasadora. Escolheram viver no Brasil da descrença, da pobreza – são os matadores de sonhos.

Diferente dos mal-intencionados, por outro lado, quando falo sobre a Aloha com alguém positivo, otimista, empreendedor, sabe qual é a primeira pergunta que ouço? A seguinte: "Carlos, quantas pessoas posso ter em minha rede?". Ao que eu respondo: "Você pode ter cem, duzentas, quinhentas ou mil pessoas. Não há limites. A única limitação é sua capacidade de empreender, seu desejo de fazer o negócio expandir e sua capacidade de liderar e receber. Sabe o que mais me inspira nesse modelo de negócio? Você começa com apenas um cliente. Lembra com quantos alunos comecei minha escola de inglês? Um, dois, depois três. Na Aloha, você começa da mesma forma: na sua casa, com um, dois ou três clientes. Cheguei a ter até três mil parceiros de negócio. Espero que você também consiga formar sua rede, com milhares de parceiros de negócio. Eu já provei que isso é possível. Espero que você também prove. Mas há algo muito importante que você deve pensar: será que todos os professores de inglês têm esse mesmo resultado? É claro que não. E por que não? Por várias razões, entre elas porque muitos se contentam com pouco. Outros, porque desistem diante dos primeiros obstáculos. Enquanto é fácil criticar a falta de desejo e persistência de outras pessoas, eu lhe pergunto: e que tal você? Você também se contenta com pouco? Você também costuma desistir de seus planos de prosperidade? Tenho certeza que não. A todos que almejam sucesso em larga escala, costumo dizer: se você quer chegar aonde a maioria não chega, faça aquilo que a maioria não faz. Foi assim que saí do zero e cheguei ao primeiro milhão, e depois não me acomodei. Até hoje, continuo a fazer aquilo que a maioria não faz.

Desde que meus filhos eram muito pequenos, digo uma frase a eles: *Think Big and Start Small* – "Pense grande e comece pequeno". Quando comecei a dar aulas de inglês, eu tinha uma meta: "Se algum dia chegar a ganhar dez mil reais dando aulas de inglês, eu serei o professor mais feliz do Brasil". Até que alcancei essa renda. A partir deste ponto, comecei a pensar: "O dia em que eu tiver uma rede com cem professores, cada um ganhando dez mil reais como eu, serei o empresário mais feliz do Brasil". Eu mal podia imaginar que meus professores iriam superar em muito essa meta. Foi assim que formei mais de trezentos milionários, sendo que muitos deles começaram sem conhecer seu verdadeiro potencial. Já dei diversas entrevistas, mas você nunca me ouviu dizer "quando cheguei ao primeiro milhão". O mais importante não era fazer um milhão, mas dar ferramentas aos meus parceiros para que fizessem o milhão deles.

Hoje, quando as pessoas perguntam às minhas filhas: "Por que vocês fazem a Aloha?" Elas respondem: "Porque assim transformamos vidas". "E como vocês dizem isso com tanta certeza?" "Porque todas as semanas recebemos algum tipo de *feedback* de membros da rede relatando sua transformação pessoal, profissional, financeira e familiar."

Hoje, posso afirmar que de fato somos eternos aprendizes. Nunca cresci tanto, amadureci tanto, desde que dei início ao projeto Aloha. Os líderes com quem me relaciono na rede de consultores falam de vencer traumas e bloqueios do passado, e conquistar um novo eu. As pessoas falam de positividade, formação de novas amizades, novas conquistas; elas falam sobre líderes, cuidar melhor da saúde, reencontrar a felicidade e buscar a prosperidade como meio, não como fim. Tudo isso é muito gratificante. Enfim, são pessoas que optaram por viver no Brasil que dá certo.

Todo empreendedor é como um diamante bruto que vai sendo lapidado pelo tempo.

Capítulo 6

Brasil: terra de diamantes

Comecei este livro com o relato da história de um fazendeiro fascinado por diamantes. O homem despendeu grandes somas de dinheiro, tempo e energia na busca de uma pedra preciosa. Ouvi o relato pela primeira vez quando ainda era estudante universitário, mas às vezes o tempo passa e os anos fazem com que nos esqueçamos de princípios simples e básicos – foi o que aconteceu comigo.

Estávamos no primeiro ano de funcionamento da empresa e muitos se cadastravam na Aloha: um mais empolgado que o outro para oferecer os produtos e o plano de negócio; todos com o objetivo de conquistar as qualificações mais elevadas. O processo é fascinante: a pessoa começa como Executivo e, ao cumprir suas metas, galga posições mais elevadas na estrutura da empresa: Master, Pleno, Sênior, Rubi, Esmeralda. Nessa trajetória cheia de conquistas, premiações e reconhecimentos, o que as pessoas mais almejam? O que elas buscam com todas as forças? Qual é o ponto máximo desejado? A resposta é o mesmo objeto de desejo do fazendeiro da África: todos estão em busca de se tornar Diamantes. O membro da rede que atinge essa posição tem vários benefícios e reconhecimentos. Ele é homenageado de forma especial nas convenções, participa de eventos e viagens exclusivas, lidera, influencia e emana poder. Sem contar o aspecto financeiro, já que aquele que chega à qualificação de Diamante adquire a capacidade de gerar uma renda contínua muito satisfatória.

Bem, já estávamos com a empresa em funcionamento havia alguns meses e, sem querer, cometi um grande erro – vejam que admito com humildade, também cometo erros. Meu pai me ensinou algo muito importante, algo que ele costumava dizer: "Filho, quando estiver errado, admita seu erro. Não tente achar desculpas ou justificar o que fez". No entanto, não me deixo abalar pelos erros cometidos durante o processo. Costumo pensar que ou vencemos ou aprendemos. Se aceitamos os erros como momentos de aprendizagem, não nos amarguramos. Sem contar que geralmente aprendemos com os erros porque nossos erros saem caro, às vezes muito caros.

O leitor deve estar pensando, ansioso: "Carlos, fala de uma vez! O que você fez?". Respondo, mas tudo em seu tempo. Todo início de uma empresa tem seu fascínio, seu encanto e seu mistério. O início é composto de uma sequência de lições diárias que formam o destino daquela organização. O mais importante é saber valorizar as pessoas que fazem parte do negócio. Hoje, confesso que errei por total falta de experiência.

Certo dia, um consultor chegou até mim com uma ideia brilhante. Ele dizia que havia criado uma estratégia para que a empresa crescesse rapidamente e alcançasse grande sucesso no mercado nacional. Curioso, ouvi atentamente cada palavra. Afinal, aquele colaborador já havia trabalhado em várias empresas do setor, tinha um currículo invejável, devia entender do que falava. Em determinado ponto da conversa, ele afirmou, como o dono da verdade: "Carlos, tenho uma sugestão para você, que é novo neste negócio, ainda não conhece bem o setor, está começando agora. Ouça: se você quer fazer sua empresa crescer rapidamente, basta comprar os Diamantes de outras redes. Seu diretor comercial chama cada um deles, faz uma conversa individual, checa a remuneração que eles recebem nas outras redes e oferece o dobro. Em pouco tempo, você terá grandes líderes em sua própria rede. Essa estratégia vai atrair quantos Diamantes você quiser das outras empresas. Vai nadar de braçadas".

Hoje, me envergonho por ter sido levado pela pretensa "sabedoria e experiência" do consultor: dei carta branca para que a área comercial contratasse esses líderes; e eles chamaram os melhores, fizeram bons acordos salariais. Àquela altura, o consultor continuava: "Agora sim a empresa vai expandir. Vamos disparar, surfar nas maiores ondas, dominar o mercado".

E o que de fato aconteceu? Santa ingenuidade. Tudo foi uma grande decepção. Fiquei arrasado. Difícil imaginar a frustração que tomava conta de mim. A partir desse episódio, aprendi uma grande lição: Diamantes "comprados" não têm valor. Sabem por quê? Porque faltam-lhes a alma, o relacionamento e a confiança. Eles não têm paixão, amor pela marca, nem brilho nos olhos. Passados alguns meses, voltando à história do fazendeiro, pude sentir a mesma frustração que aquele homem, ao retornar para casa sem nenhum diamante em sua bagagem.

Agora eu tinha outro grande dilema pela frente: estávamos prestes a realizar a primeira Convenção Aloha, e os meses, semanas e dias se esvaíam, enquanto seguíamos sem nenhum colaborador Diamante para homenagear na ocasião. Com minhas filhas Thais e Priscila ao lado, estabelecemos um plano de ação, focado no fortalecimento de cada membro da rede. Criamos um plano de incentivo, de estímulo, em que encorajávamos e desafiávamos a todos, para que chegassem à convenção sustentando a qualificação de Diamante. Ainda, elaboramos um plano de acompanhamento de resultados, com o objetivo de impulsionar cada membro a vencer suas limitações, superar suas barreiras, criar caminhos alternativos, despertar a criatividade, para alcançar o resultado almejado.

Jamais esquecerei a emoção que tomou conta de mim, e de todos os presentes, naquela primeira convenção. Criamos um grande suspense antes de anunciar os qualificados. Havia grande expectativa por parte de todos. Alguns já podiam imaginar quem eram os dois ou três convidados a subir ao palco.

A plateia foi tomada de euforia quando anunciei que não teríamos apenas um ou dois homenageados, mas uma chuva de Diamantes: quinze ao todo! E sabe o que foi mais incrível? Qual foi nosso maior espanto? Entre os quinze, nenhum dos três líderes era "comprado". Os quinze eram nossos, todos "da casa" – alguns, ainda mais incrível, estavam no sistema havia poucos meses.

Ali, naquele instante, a narrativa do fazendeiro, na África, me voltou à cabeça, dessa vez, resumida em uma máxima: o diamante está mais perto do que você imagina, ele está dentro de você. Basta acreditar, aceitar, buscar, alcançar. E, finalmente, comemorar.

Todos querem ser diamantes, nem todos querem ser lapidados.

Capítulo 7

Diamantes! Diamantes!

Considerada a pedra mais preciosa do planeta. Objeto de desejo de toda mulher. Objeto de desejo de todo homem que almeja encantar a pessoa amada. Ora, mas em sua origem, o que é um diamante? Nada mais do que carbono, um elemento negro, que após passar por um processo de imensa pressão, se transforma a ponto de se tornar a mais brilhante e valiosa de todas as pedras. Ao observar um lindo diamante, exposto em uma vitrine, nos maravilhamos com sua aparência e beleza. Porém, não levamos em consideração o que aquele objeto teve de passar até se tornar uma joia e chegar à vitrine para ser admirado por todos. Este livro não trata de joias ou pedras preciosas, mas ele descreve os processos de transformação de vida de dezenas de pessoas bem-sucedidas, que não conseguiam, inicialmente, enxergar seu próprio brilho, e que, semelhante ao carbono, passaram por um processo de transformação, comportamental e mental, até chegar ao palco do sucesso, do reconhecimento e da fama.

Faço agora uma analogia das cinco etapas que um diamante passa no processo de transformação que se assemelha muito a nossa transformação pessoal.

Descoberta – Consiste no olhar cuidadoso que temos que ter para as profundezas de nosso ser para explorar o potencial ali existente.

Extração – É quando trazemos à tona o que descobrimos internamente. Reconhecendo nosso valor e cuidando para essa etapa não danificar a pedra ainda bruta.

Corte – Ao entender a preciosidade diante de nossos olhos, precisamos definir a estratégia para desfragmentar essa pedra em cortes que garantam um bom aproveitamento dela, respeitando suas características e valorizando sua origem.

Lapidação – É a etapa mais desafiadora quando somos provados de fato, e é nesse momento que a pedra ganha forma, e a joia vai sendo revelada; e na vida a dureza desse processo é que revela quem somos realmente. Uma vez vencida essa etapa a beleza de um diamante lapidado é notória.

Polimento – Depois de lapidado, o diamante precisa de um toque final para mostrar seu melhor brilho. A excelência se dá aqui, onde se busca atingir a maior transparência. Para ser polido, o diamante precisa de um pano suave, porém, mais importante, ele precisa ter contato com o "pó do diamante" que lhe dará um brilho espetacular; da mesma forma, na vida real precisamos compartilhar experiências e estar em contato com os outros e isso nos dará o verdadeiro brilho, maximizará nossas potencialidades.

Todo esse processo de transformação exige, de início, disposição de se olhar no espelho. Às vezes, o fazemos de forma espontânea, às vezes, em um momento de angústia, sofrimento e dor. Em geral, as pessoas não mudam quando se sentem bem, mas quando estão abatidas, deprimidas ou frustradas. Quando atingimos um ponto insuportável de inconformismo, a tendência é fazer muito mais do que fizemos até agora. Tal sofrimento nos impele a momentos de grande tomada de decisão, que mudam para sempre o curso de nossas vidas. Está aí um dos maiores desafios que enfrentamos. Olhar-se no espelho implica um encontro com nossa própria fraqueza e a identificação das mudanças que tanto desejamos e que precisamos realizar para atingir o potencial de nosso íntimo. Em sua essência, cada empreendedor é um diamante bruto, cheio de qualidades, potencialidades, talentos e, ao mesmo tempo, cheio de imperfeições. Lapidado pelo tempo, ele se torna um grande líder, além de inspiração para muitos. Aqui, faço uma pausa para que você pondere algumas questões. Qual é mesmo o título deste livro? Sim, *Há um diamante em você*. Será que você identifica pontos fracos em sua estrutura, de ordem, comportamental, emocional ou espiritual? Sim, essas fraquezas existem no íntimo de cada ser humano. Eis, portanto, o objetivo deste livro: ajudá-lo a transformar o estado bruto do diamante que há em você em um estado de beleza, brilho e valor. A partir de agora, você entenderá como ocorrem os processos de transformação, e será capaz de fazer um paralelo com sua própria trajetória, adquirindo coragem, alento e força para seguir adiante, lapidado por cada experiência vivida, positiva ou negativa, e aprendendo a cada passo, até atingir os holofotes do sucesso que você busca e merece!

Sem pressão não haveria nenhum diamante.

Capítulo 8

Lapidamos diamantes

Procura-se, com urgência, homens e mulheres, sem limite de idade, não importa cor, etnia, religião, cultura, condição física ou social. Não é necessária experiência prévia, formação superior ou boa aparência. Também não é necessária carta de recomendação ou teste de admissão.

Pré-requisitos: ter estampado na alma a marca registrada da iniciativa. Pessoas com iniciativa irradiam otimismo e confiança por onde passam. Não esperam por ordens, agem por si mesmas, porque não acreditam que o mundo ao redor aconteça sem sua contribuição.

Missão: dar o melhor de si para acabar com os sofrimentos da alma causados pelo medo, pela ignorância e pela pobreza. Não há nenhuma virtude na pobreza, ela apenas gera intrigas, preocupações, desavenças, dores e sofrimentos. A pobreza é uma anomalia existente no interior do indivíduo, em seu modo de pensar e agir. A crença mantida por alguns de que a pobreza revela a pureza da pessoa é falsa – nem mesmo Deus se alegra com a carência e a miséria.

Recompensa: na esfera material, como recompensa, você terá a realização de seus maiores sonhos – casas, terrenos, automóveis, roupas, comida farta, lazer, recreação, passeios, viagens, saúde, educação, conforto e tudo o que a riqueza pode lhe proporcionar. Na esfera emocional, a maior de todas as recompensas, além dos aplausos, do respeito e da admiração de todos de seu entorno, você será instrumento de inspiração e transformação na vida de milhares de pessoas em busca de esperança e resgate de autoestima. Finalmente, você disporá de recursos e de liberdade para praticar a caridade, em ações sociais e humanitárias, de acordo com o desejo de seu coração.

Vagas: não há limite de vagas, pois o universo é pleno, abundante e rico, e reúne recursos de sobra para todos aqueles dispostos a pagar o preço do sucesso.

Data de início: o universo gosta de velocidade. Líderes não esperam, líderes agem. Portanto, decida agora **mesmo abraçar** as oportunidades ao seu redor, e, sem receio ou preconceito, explore seu potencial de realização. Somente assim você será capaz de atingir a plena estatura emocional, intelectual e espiritual, e descobrir uma riqueza abundante em seu interior.

Desenvolvemos um ambiente propício para quem tem o espírito empreendedor, pois acolhemos diversos perfis que entram na rede por vários motivos. Desde os consumidores que se cadastram para consumir os produtos com vantagens e são fiéis a eles por sentirem seus benefícios até os profissionais 100% de dedicados ao negócio, que montam equipes, exercem a liderança, e se tornam referências por enxergar no modelo de negócios uma oportunidade de renda. Assim é o mundo do marketing de relacionamento!

Um bom negócio sempre começa com um bom produto

Se considerarmos a abrangência do público que adere ao modelo de negócio, veremos que existem maneiras e argumentos diferentes para atrair as pessoas para fazerem parte dele. Essa é a maior qualidade que vejo nesse negócio. Ele é extremamente democrático! Todo indivíduo que desejar, pode fazer parte da rede. É um modelo de negócio que se baseia, primeiramente, em atender uma demanda do mercado. Esse sempre foi o conceito em que me especializei para expandir minhas empresas, desde as primeiras aulas de inglês como professor. No caso específico da Aloha, fica evidente que a força do negócio está, e sempre estará, nos benefícios que os produtos oferecidos para o uso cotidiano trazem aos consumidores.

Movidas pela paixão da descoberta dos produtos exclusivos e diferenciados, as pessoas sentem o desejo de consumir e, encantadas, divulgam para que outros também tenham esses benefícios. Muitos enxergam, a partir dessa descoberta, uma possibilidade de desenvolver um grande negócio. Entre esses dois polos, consumidores e empreendedores, há uma gama de perfis, mais ou menos ousados, que asseguram o crescimento do negócio.

Empreendedores por natureza

Se você realmente está comprometido em buscar o diamante que há em você, estamos aqui para lhe ajudar. Seu maior desafio será aceitar essa condição, acreditar nessa conquista, buscar essa vitória, realizar seu sonho e, finalmente, comemorar esse triunfo. Aqui, gostaria de compartilhar a filosofia que nos norteia na Aloha.

O que nos move é a paixão por empreender. E desse assunto, entendemos: somos pessoas elevadas à potência. Não estamos aqui a passeio, mas para fazer acontecer, para pensar no que ninguém pensou. Esse negócio é feito de gente para gente. Somos mentes comprometidas com o desenvolvimento do ser humano. Nossa mente é inquieta, mágica, brilhante, iluminada. Acreditamos nas pessoas inseridas num mundo de prosperidade, de infinitas possibilidades. Nós queremos o impossível, nós somos o impossível. E fazemos sonhos impossíveis se tornarem possíveis na vida de milhares de pessoas. Somos família: cuidamos daqueles que amamos. Somos bem-estar: acreditamos na melhor versão de nós. Somos liderança: acreditamos na capacidade de superação e de realização de cada um. Temos disciplina: sabemos que esse é um dos pilares da vitória individual e coletiva. Somos éticos: tratamos as pessoas como gostaríamos de ser tratados. Resultados? Somos motivados pela busca incessante dos objetivos mais elevados na vida. Somos especialistas em transformar sonhos em realidade. Somos a revolução, somos a inovação. Oferecemos às pessoas o que elas mais valorizam na vida: saúde, prosperidade e felicidade. Somos Aloha: empreendedores por natureza.

Diamantes Fundadores

Nas próximas páginas, você vai conhecer histórias fantásticas de pessoas extraordinárias que tiveram coragem de seguir seu instinto empreendedor. Cada uma das pessoas aqui representadas teve formação distinta, mas todas têm algo em comum: a capacidade de sonhar. Os líderes deste livro vivem quase como se estivessem hipnotizados pelos próprios sonhos, eles aprenderam a sonhar grande e a começar pequeno. Em cada um destes relatos, você vai descobrir os desafios, receios e inquietações que cada um desses personagens precisou superar até conquistar a qualificação de Diamante Fundador Aloha. E mais, vai descobrir e observar como esses líderes não se deixaram abater pelas adversidades ou por acidentes de percurso – uma visão que opera a longo prazo, transporta-os à frente de seu tempo. Os líderes destacados a seguir acreditam em si e acreditam na equipe que caminha ao lado deles, ainda que reconheçam as limitações, destacam ao máximo os pontos fortes de cada time. Embora possuam profundas convicções, eles sabem respeitar as opiniões dos colegas e procuram manter um bom relacionamento com todos, pois sabem que postura e atitude mental influenciam os membros de toda a equipe. Por fim, esses líderes, Diamantes Fundadores, são dotados de grande poder de concentração. Seus objetivos e metas são bem definidos e temperados com uma boa dose de ambição. Cada um deles revela extrema disciplina em suas ações, pois sente imenso prazer em fazer o que faz. A partir de agora, suas histórias de superação serão perpetuadas, inspirando milhares de pessoas na busca de seus sonhos mais ousados.

Um professor

Sérgio Buaiz
São Paulo – SP

Escolhi apresentar como nossa primeiro relato o depoimento de um líder que transita com desenvoltura no mercado, um nome que trabalha há anos com marketing de relacionamento, um consultor de gabarito e confiança, uma pessoa a quem sempre recorro em momentos de decisões importantes na empresa. Costumo chamá-lo, carinhosamente, de meu professor. Agora, é dele a palavra:

"No início de 2017, eu soube que Carlos Wizard estava criando uma empresa de marketing de relacionamento. Como tenho mais de vinte anos de experiência nesse setor, fiquei bastante curioso, já que sempre vi no Carlos uma personalidade diferenciada. Não tinha dúvida de aquele fato devia ser tratado com importância em nosso mercado. Ficou por aí: me interessei pelo negócio, como uma curiosidade.

Sempre atuei como consultor, treinador de empresas e, naquele período, eu pensava seriamente em desenvolver minha própria rede. Já tinha contribuído para a prosperidade de milhares de pessoas, mas nunca tinha de fato mergulhado de cabeça no desenvolvimento de um negócio com minha imagem. Desse modo, refleti sobre deixar a consultoria e, assim, começar a minha própria rede. Fui atrás de informações, e encontrei vários vídeos em buscas na internet, e percebi que era muito interessante a maneira como o Carlos se manifestava em relação a seu projeto. Assisti mais e mais vídeos, o percebi envolvido diretamente com aquilo, e me encantei, em especial, com a participação de suas filhas Thais e Priscila. Então, me veio um pensamento muito forte de que eu deveria me unir à Aloha, uma vez que era um negócio sólido e passava credibilidade – algo de que eu necessitava à época: no mesmo mercado havia tanto tempo, eu não poderia vincular minha imagem a qualquer negócio.

Senti ainda uma vontade muito grande de participar da construção desse projeto, sabendo que, de alguma maneira, eu poderia contribuir para que ele se tornasse uma potência. Consultei minha mãe e minha esposa, em quem confio acima de tudo, e ambas me apoiaram. Também conversei com meu grande amigo Marcel sobre minha intenção de entrar para a rede. Ele topou na hora em me apoiar. Assim, tomei a decisão: seria Aloha. Foi tudo muito rápido. Na verdade, ninguém me convidou, por iniciativa pessoal, senti vontade de pesquisar sobre o projeto.

Outro ponto que muito me atraiu foi a posição tomada pela empresa de escola de empreendedores. Ao longo da minha trajetória, sempre trabalhei com educação, dando treinamento a grandes empresas. Todo esse universo me fascina muito. Sempre fui estudioso, autodidata. Sou autor de diversos livros e adoro o empreendedorismo. Desde que me envolvi com marketing de relacionamento, tenho sido um defensor, um promotor de negócios independentes, com gosto pelo conceito da livre iniciativa.

Quando soube que a Aloha tinha como vocação ser uma formadora de líderes, parece que o quebra-cabeça se completou diante de meus olhos. O segmento de venda direta é basicamente um processo de educação sobre liderança. Assim, entendi que, associando o *know-how* de uma pessoa de muito sucesso, literalmente um bilionário, um empresário poderoso na área educacional, nós tínhamos todos os elementos para fazer uma grande transformação social. E isso tem tudo a ver com minha missão pessoal de compartilhar conhecimentos e ajudar mais pessoas rumo ao sucesso, à prosperidade e à felicidade.

Ao aplicar a teoria que descrevo em meu livro *Multinível explosivo*, de 2009, na Aloha, não demorou nada para eu me tornar o primeiro Diamante da empresa – mais tarde, Duplo e Triplo Diamante. No livro, descrevo táticas para a criação de impulsos que funcionaram, ou melhor, funcionam muito bem. Tivemos centenas de cadastros em curtíssimo prazo, o que nos garantiu a possibilidade de criar canais de relacionamento com essa equipe. Canais de comunicação semanais, através de 'webinários', grupos de WhatsApp, e tudo isso proporcionou alinhamento estratégico. O uso de ferramentas digitais também conferiu mais velocidade ao processo.

No entanto, o que mais me motiva a fazer Aloha é a qualidade de vida que esse negócio me proporciona. Ao longo dos anos, conheci muitas histórias de sucesso, acompanhei amigos obtendo grandes resultados em outras companhias, fui bom prestador de serviços, recebi um bom dinheiro, mas sempre trocava meu tempo por dinheiro; ou seja, tudo isso me garantia boa remuneração, mas não me dava tranquilidade. Hoje, quero assistir ao crescimento dos meus filhos, ter mais qualidade de vida para acompanhá-los e para lhes dar o conforto e a segurança que eles precisam e merecem. Além, é claro, de adquirir bens materiais e realizar viagens ao redor do mundo, para lugares exóticos, acompanhado de minha família. Fazer parte da Aloha desde o início da empresa, como pioneiro, me dá oportunidade de sonhar com todas essas possibilidades e a motivação para seguir em frente na realização de meus maiores anseios."

Quando entendemos e respeitamos as regras, dedicando o nosso tempo para fazer o que precisa ser feito do jeito que precisa ser feito, conquistamos a alta performance.

Aloha, para mim, significa vida em abundância

Marcel Mallio

São Paulo – SP

Conheço muito bem Marcel Mallio. Admiro sua capacidade de comunicação e expressão. Mallio coloca o coração em tudo o que faz. É um profissional conhecido, ousado, de olhar aberto ao futuro da sociedade, um olhar especial, atento ao mundo complexo em que vivemos, repleto de mudanças a cada momento. Reflita se ouvi-lo não nos dá a sensação de estar em uma boa conversa, entre amigos chegados:

"Cada vez que embarcava para os Estados Unidos a trabalho, minha mãe fazia a recomendação: 'Meu filho, não esqueça das aspirinas norte-americanas!'. Depois de algum tempo, nem precisava falar. Aquele era um pedido que não saía de dentro de mim. Era chegar ao país, ir para a rua, procurar uma *drugstore*, e comprar as aspirinas para mamãe. Nossa relação é um xodó – afinal, sou o filho caçula. Ela é professora. Sofria, já há muitos anos, com terríveis crises de enxaqueca, suavizadas somente com aquelas aspirinas. Acontece que de uns tempos para cá, a situação mudou: quando vou aos Estados Unidos e pergunto se ela quer a aspirina, sabe o que ela responde? 'Não, meu filho, agora tenho meu óleo essencial *peppermint*'.

Um bálsamo: desde que descobrimos os óleos da Aloha, as enxaquecas de mamãe desapareceram. Milagre? Não, chamo isso de pura ciência. Mas por que não contar a história desde o princípio? Pois bem, sou filho de professores, portanto educação sempre foi prioridade em minha casa. Quanto a mim, trabalhei a vida toda com comunicação, dirigi comerciais para as principais marcas deste país e também para multinacionais, além de ter sido *Head* de agência. Morei na França, Inglaterra, Estados Unidos, este último, onde conheci o Havaí e me apaixonei por aquele local paradisíaco.

Por mais que tenha tido uma vida confortável com o fruto de meu trabalho, sempre senti algo faltar. Faltava empreender, mas, principalmente, empreender com pessoas, usando comunicação e marketing digital nessa jornada para impactar e levar essa oportunidade transformadora para o maior número de pessoas possíveis, pois acredito que tudo o que fazemos de bom, volta para nós em dobro!

Desde o início, a Aloha me chamou atenção pela figura de Carlos Wizard, um bilionário, homem que já conquistou tudo em termos financeiros, e agora quer deixar seu legado para transformar vidas e formar novos milionários. Lembro ainda que duas de suas maiores joias são as sócias fundadoras da Aloha, conforme apresentadas na primeira parte deste livro: falo de Thais e Priscila Martins, suas filhas. Pela minha trajetória com o marketing, foi natural me aproximar de Carlos – que hoje chamo de "brother" – e de suas filhas, que também se tornaram amigas, a ponto de poder contribuir com o processo de formação do negócio, uma vez que agora faço parte do conselho consultivo da empresa.

Com a Aloha, caminho em direção à minha liberdade financeira, através de um modelo de negócios moderno, que funciona de forma alavancada, e ao uso inteligente do meu tempo, já que posso trabalhar quando quiser e onde estiver, desde que conectado à internet. O negócio corresponde totalmente ao meu estilo de vida, inspirado nos conceitos havaianos do uso de produtos naturais, biodegradáveis, que não testam em animais. Sem contar que empreender na Aloha é uma oportunidade de transformar a vida de pessoas, independente de questões de gênero, credo, raça, condição social, educacional ou financeira. Tudo o que preciso é fazer amigos e ensiná-los como 'ser Aloha'. Por isso, meu lema é: 'Faça amigos, faça história'.

Vou sempre e sempre agradecer ao meu amigo Sérgio Buaiz por sua decisão de ingressar na rede. Buaiz é um dos maiores especialistas de marketing de relacionamento do Brasil, autor de cinco livros sobre o tema e consultor para dezenas de empresas do segmento. Certo dia, perguntei a ele, subitamente, em uma conversa: 'Você vai rasgar um cheque de tamanho bom de todas as outras empresas que te contratam no mercado para ser neutro?'. Ele não titubeou: 'Sim'. Diante da firmeza da resposta, eu apenas confirmei: 'Conte comigo. Estou dentro, amigo!'. Tenho grande admiração pelo profissional que Buaiz é e pelo empresário que é Wizard. O Carlos tem o dom da humildade, de saber ouvir e de mudar o curso de um plano, quando ele sente que a mudança é necessária. Pelo respeito que ele nutre pela experiência do Buaiz, ele costuma chamá-lo de 'professor'.

Nunca vou esquecer quando Carlos convidou os principais líderes Aloha para um encontro em sua casa. Ali, num clima descontraído, ele tratou dos desafios e oportunidades que se apresentavam diante de nós. Todos os presentes conheciam o histórico de sucesso daquele empresário à frente de empreendimentos gigantescos no Brasil e exterior. Ainda assim, coisas impensáveis acontecem. Imagine que uma pessoa normal, simples, chegue para um bilionário, em sua própria casa, e diga: 'Olha, amigo, há certas coisas que você está fazendo errado, você precisa tomar outro rumo', coisas assim. Pois naquele encontro foi exatamente isso que aconteceu: quem ali estava falou de forma aberta a um Carlos atento, perspicaz. Hoje, posso afirmar que o resultado daquele encontro possibilitou outro patamar de realização à empresa.

Me emociona fazer parte de um negócio cuja missão é gerar 'saudabilidade'. A cada dia sou mais motivado a falar da Aloha para um número cada vez maior de pessoas, seja pelo consumo inteligente, seja pela revenda de produtos, seja pela conquista de renda extra – a depender de sua dedicação, uma renda extraordinária, diga-se de passagem. Sou uma pessoa que gosta de sempre aprender. Então, estar próximo da família Martins, a família de Carlos Wizard, é participar ativamente dessa grande escola de empreendedores. Aloha, para mim, significa vida em abundância, e será um legado para meus filhos e para os filhos de meus filhos, pois centenários seremos!"

A visão de futuro é uma característica que acompanha grandes empreendedores.

A resposta veio debaixo do chuveiro

Ariel Roberto Jr e Juliana Lazzari
Pinhais – PR

Para um líder, o foco em atender bem a equipe faz toda a diferença nos resultados. Entrevistar este casal simpático, cheio de garra, motivação e fé, foi uma experiência emocionante. Os dois viajaram quilômetros para satisfazer um único cliente. Carinhosamente, costumo chamar meu conterrâneo Ariel de "meu irmão curitibano". Hoje, com muita satisfação reconheço este casal como os primeiros empreendedores Elite Aloha. O primeiro desafio de Ariel foi vencer o descaso da esposa em relação ao negócio. A seguir, sua história.

"Em outubro de 2017, meu marido Ariel foi convidado para uma palestra do Carlos Wizard em Curitiba. Ele assistiu, se encantou e chegou em casa empolgadíssimo. Não dei nenhuma atenção, até brinquei: 'Você está viajando, está sonhando? O que um professor de inglês entende sobre cosméticos? Esse negócio não vai dar certo. Não adianta nem se empolgar'.

Acontece que ele é muito curioso e começou a fazer pesquisas na internet sobre a empresa e o mercado de cosméticos naturais. Dias mais tarde, conversei com minha irmã, que mora em São Paulo e perguntei se ela já tinha ouvido falar da Aloha. Ela disse que sim. O Ariel, que é meio acelerado, ligou para um amigo na sequência, com o objetivo de entender um pouco mais sobre o negócio. Percebi que, à medida que obtinha mais informações, ele ficava cada vez mais encantado. Eu, por outro lado, na verdade não estava nem aí. Foi aí que ele usou uma técnica infalível: pediu ao mesmo amigo que ele lhe enviasse alguns produtos. Um dia, chegou em casa meio misterioso, malandro: 'Amor, tenho um presente para você. Experimente esses produtos para ver se você gosta'.

Com essa atitude, eu continuava com a mesma opinião: 'Quanta insistência!'. Até que usei os produtos e, para minha surpresa, me encantei e me apaixonei. Adorei todos: o creme para os pés, o creme das mãos – fantástico –, os famosos xampu e condicionador com óleo de coco.

Dentro do chuveiro, ainda lavando os cabelos, Ariel me esperava ansioso, à porta:

– E aí, amor, que tal o xampu? É legal? Está gostando?

E ele lá fora, todo esperançoso. Eu, lá dentro, toda ensaboada, lavando o cabelo. Depois do banho, confessei:

– Adorei! Demais!

Quando sequei meus cabelos, eles estavam tão lindos que tirei uma foto e mandei para minha irmã, com uma mensagem: 'Guria, você tem que experimentar esse xampu. Olha o brilho do meu cabelo'. Em seguida, assumi ao meu marido: 'Você tem razão, estava certo. Pode me cadastrar na Aloha'.

Hoje em dia, brinco. Digo que eu decidi fazer esse negócio debaixo do chuveiro."

*

Agora, vamos conhecer, digamos, o lado mais racional, o do Ariel. Quando perguntei como ele e Juliana chegaram à qualificação de Diamante, ele não hesitou, nem mesmo por um segundo:

"Nosso foco sempre foram pessoas. Cuidamos de cada membro que entra na rede. Fazemos questão de mostrar que o crescimento é possível. Nosso foco também é o treinamento e a formação de liderança – chegamos, por exemplo, a viajar mais de seiscentos quilômetros para entregar uma caixa de produtos que não chegava na cidade de alguém, à época.

No manifesto *Somos Aloha*, há uma frase que nos inspira: 'Essa empresa é de gente pra gente'. Quando penso nela, até me emociono. De fato, é muito gratificante ver pessoas construindo sua rede, desenvolvendo sua liderança, chegando aos patamares mais elevados de suas carreiras. Às vezes, as pessoas nos agradecem, porque, segundo elas, mudamos as suas vidas. Quando um episódio assim acontece, respondemos: 'Não, meus caros! A gente que tem que agradecer a vocês por terem apostado em vocês mesmos, em seu futuro, e por estarmos juntos nesse negócio.' O que nos dá mais alegria não é nos ver subir ao palco como homenageados, mas ver os membros de nosso time também subirem ao palco e conquistarem, eles mesmos, as suas qualificações.

Eu e a Juliana somos pessoas de muita fé. Temos a sensação de que Deus faz parte de nossa vida e de nosso negócio. Na realidade, sempre colocamos Deus à frente de tudo. Acontece que não adianta apenas ter fé: é preciso tomar a decisão de fazer a diferença, de buscar algo a mais. Hoje, posso dizer que a Aloha foi a resposta de uma oração. Quando a empresa apareceu em minha vida, eu vivia um momento em que precisava dar uma guinada.

Para nós, a Aloha significa muito mais que uma empresa, que um negócio ou um cheque na conta todos os meses. A Aloha nos proporciona união, direção. Ela nos presenteia com uma missão, um propósito maior na vida. De fato, fazemos parte de algo que tem o poder de transformar a vida das pessoas, através do resgate da autoestima, da saúde ou do aspecto financeiro."

A sustentabilidade de um bom negócio é proporcional à dedicação que você dá para construir essa equipe.

Eu estava num túnel longo, tenebroso e escuro

Allan Mendonça e Simone Mendonça
Sorocaba – **SP**

Considero a história de Allan e Simone uma pequena parábola entre as muitas que chegam até mim e que compõem este livro. Dizem que quando coisas ruins vêm, elas vêm todas de uma vez. São conhecidas as fases, nos lares de cada um de nós, que a porta da geladeira quebra, as lâmpadas queimam, todos os pratos despencam de uma vez, a resistência do chuveiro não funciona mais, o cabo da internet dá problemas, goteiras aparecem etc. Popularmente, o conhecido "a bruxa passou por aqui". Sobre isso, segundo Allan Mendonça:

"Seu Carlos chegou um momento em que a bruxa tinha passado não só pela minha casa, mas pela minha vida. De repente, me vi naquela lista de milhões de desempregados do Brasil. Eu tentava me convencer de que tudo aquilo era temporário, de que logo eu voltaria ao mercado de trabalho. Eu dizia a mim mesmo: 'Tenho experiência, força de vontade, logo saio desta'. Assim passou um, dois, três meses, que evoluíram para um, dois, três anos, quando comecei a perder a tal esperança que nos sustenta. Quem não passou por essa situação não imagina o que se passa na cabeça de um desempregado que tem mulher e três filhas para sustentar.

Primeiro, vem a humilhação. Eu voltava para casa a imaginava Simone, minha mulher, me olhando de maneira estranha. Eu pensava: 'Ela me acha um incapaz, um vagabundo, que não me esforço, que fico pelas ruas a bater perna. Será que ela não vê que mando dezenas de currículos, que compro o jornal e olho com lupa cada classificado de dois centímetros? Será que ela não me vê telefonar a cada amigo, cada conhecido, de tal forma que eles nem me atendem mais? Será que ela não percebe que eu saio da cama à noite para que ela não me veja chorar?' Enfim, perdi a autoconfiança. Examinava minha consciência e não encontrava nenhuma habilidade, me considerava estúpido, inválido, deficiente – 'Agora, sou mesmo um inútil. Cadê aquele homem cheio de ideias e sonhos?'. Eu tinha pesadelos. À medida que o tempo passava, eu me convencia de que não servia para nada. Escondia todos esses pensamentos sombrios da minha mulher, com medo de que ela me achasse fraco, covarde. Meu maior medo era entrar em depressão, porque uma pessoa assim perde a autoestima, perde o rumo. Não!

Poucos sabem o que é um homem sem emprego, sem capacidade de sustentar a família, as reservas minguando, o desespero se aproximando. Sem contar que naquela época cuidávamos dos pais de minha esposa, meu sogro com 91 anos e minha sogra com Alzheimer em último estágio, totalmente dependentes."

Neste ponto, sua esposa Simone entrou na história:

"Estávamos sem qualquer perspectiva para o futuro. De repente, no final daquele longo túnel, tenebroso e escuro, surgiu a Aloha."

O problema era: como entrar para a Aloha sem dinheiro? Allan faz questão de dizer que foi graças a sua irmã Carla Regina, que acreditou no projeto e emprestou a quantia inicial necessária. Mas, vejam só, a bruxa deu outra revoada sobre a casa desta família. O antigo computador de Allan quebrou, não havia conserto. Dessa vez, o pai e a irmã se uniram e lhe deram um notebook novo, para o trabalho.

"Nessa altura muita gente me criticava dizendo que eu estava entrando numa fria, numa canoa furada, que esse negócio não daria futuro para ninguém, muito menos para mim, que estava na pior. Mas eu estava decidido, eu faria da Aloha meu projeto de vida. Não importa quantos 'nãos' eu tivesse que ouvir."

Felizmente, meu amigo Allan se manteve firme em sua resolução de mostrar seu valor como empreendedor. Após alguns meses na rede, seu cheque de bonificação foi acima de vinte mil reais. Muita gente pensaria em uma forma criativa para comemorar a conquista e celebrar o momento de virada. Mas Allan pensou em algo bem simples, mas surpreendente: convidou esposa e filhas ao supermercado; lá ele anunciou:

– Simone, minhas filhas queridas, comprem o que quiserem, quanto quiserem. O pai vai pagar tudo.

Simone arregalou os olhos:

– Ficou louco, Allan?

As meninas, surpresas, perguntaram:

– Qualquer coisa, pai, inclusive balas, chocolates e doces?

– Sim, o que quiserem, podem comprar tudo.

As meninas, emocionadas, felizes, encheram o carrinho com o que viam pela frente. Gastaram uma "nota" apenas em "porcariada", conforme meu amigo relatou. A família retornou para casa com o porta-malas cheio, com lágrimas no rosto, pois há muito tempo não sabiam o que era ir ao supermercado e comprar o que quisessem.

*

A Aloha é uma empresa nova, porém, histórias como essa, já justificam sua existência. Meu amigo Allan afirma que esse é apenas o começo de sua trajetória – ele tem sonhos ainda maiores. Esse relato responde à pergunta que ouço com frequência, de que já comentamos: "Com todo o seu sucesso, Carlos, qual é sua motivação para entrar no setor de marketing de multinível?". Eu não abri essa empresa para mim – Deus me abençoou com riquezas que jamais imaginei possuir. Eu abri essa empresa para beneficiar milhares de pessoas, como o Allan, que estão em busca de oportunidade, prosperidade, qualidade de vida e um futuro melhor.

Quanto ao Allan, ele conclui: "Se consegui sair do zero e chegar onde cheguei, qualquer pessoa pode chegar onde quiser e vencer qualquer desafio, desde que tenha foco, disciplina e resiliência".

Resiliência é o termo utilizado na física para definir a capacidade que um objeto tem de absorver impactos e voltar à sua forma original. Na vida real, em uma linguagem mais simples, é a capacidade que temos de "dar a volta por cima" depois de um tropeço.

Recomeçar é para os fortes

Suellen Kavinsk e Jorge Luiz Benedetti
Curitiba – PR

Ao entrevistar Suellen, tivemos um diálogo fascinante, simples e didático, que transcrevo abaixo:

– Sou Suellen Kavinski e Jorge Benedetti é meu companheiro. Ele fez uma bela carreira como atleta no boxe e eu sou psicóloga de alta performance, palestrante e *coach*.

– Antes da Aloha, o que vocês faziam?

– Eu era diretora em uma empresa de vendas diretas e ele trabalhava na área de sistemas de informática.

– Por que vocês decidiram entrar para a Aloha?

– Não foi nem um, nem dois, mas quatro motivos. O principal motivo são os produtos de alta qualidade. Certo dia, recebi amostras do xampu e condicionador de minha patrocinadora e, ao testá-los, me deparei com o melhor resultado que já tive em todos esses anos de uso de várias marcas. Segundo, achei o plano de negócios único e poderoso, porque traz diferenciais que ainda não tinha visto em nenhuma outra empresa – por exemplo, os carros quitados, uma grande vantagem competitiva em relação à concorrência. Terceiro, integrar uma empresa de Carlos Wizard: aprender e conviver com um dos maiores empreendedores do Brasil mais do que uma grande oportunidade, é um presente de Deus. E por último, fazer parte da história de uma empresa que está em plena expansão e pode atingir limites infinitos.

– E conte-nos como vocês conseguiram, em um curto espaço de tempo, atingir a qualificação de Duplo Diamante?

– Formando líderes. Nós trouxemos para perto pessoas que demonstraram desejo e disposição tão fortes quanto os nossos de mudança de vida. Então, firmamos o compromisso de desenvolvê-los. Semanalmente, por meio de encontros presenciais de liderança, e diariamente, acompanhando as atividades desenvolvidas. É claro, desde que houvesse o mesmo comprometimento por parte deles. De pronto, todos disseram SIM! Para os líderes que não moram na mesma cidade que a nossa, elaboramos reuniões e acompanhamentos on-line. Compreendemos que a transformação de vida que buscávamos viria como consequência da ajuda e da dedicação que despendêssemos com a equipe. A velocidade do time é um reflexo da velocidade do líder.

– E como tem sido, Jorge, trabalhar com sua companheira? Vejo que tem muito orgulho dela.

– Suellen parece ter nascido para inspirar multidões, essa é sua missão! Inspirar, motivar e persistir até se orgulhar, esse é seu lema. Assim, em um curto período, nos tornarmos Diamante. Em seguida, após seis dias intensos, atingimos a qualificação de Duplo Diamante, com certeza resultado do amor e do afeto com que a Suellen acolhe cada empreendedor parte de nossa equipe. Por falar nisso, sabe como se chama nossa equipe? "Triunfo." Temos grande amor e carinho por todos os membros de nossa rede. Agir impulsionado por esses sentimentos é essencial para tudo na vida.

– Em particular, me interessa saber como foi abrir mão de uma carreira, desenvolvida já há dois anos em outra empresa, para recomeçar do zero na Aloha?

– Foi a melhor escolha que poderíamos ter feito. Aprendemos que recomeçar é para os fortes, e que temos muito mais poder do que imaginamos, muito mais do que supúnhamos ter! Aprendemos que nosso recomeço tem inspirado também outras pessoas a recomeçar! E, por fim, aprendemos o maior dos ensinamentos: não importa onde, como ou quando, nem mesmo se parece impossível, se você acreditar e persistir, seu sonho se tornará realidade. Deus honra nossa fé!

– O que mais motiva vocês a fazer Aloha?

– Poder viver nossa paixão de desenvolver pessoas. Essa troca de conhecimento que só o empreendedorismo proporciona é tão rica que é impossível mensurá-la. A convivência entre pessoas que compartilham de sonhos parecidos é uma sensação indescritível. É gratificante ouvir do outro que ele agora confia mais em si, que se solta mais, fala em público e, acima de tudo, organiza sua vida financeira. Enfim, são tantos os aprendizados que fazem jus à proposta Aloha: uma grande escola de líderes. Podemos dizer que a Aloha resgatou nossa capacidade de sonhar e de realizar sonhos.

Acreditar em si mesmo é o primeiro passo para acreditar no potencial do próximo.

Alegria, paz, liberdade e satisfação pessoal

Joann Pasttorine
Salvador – BA

Uma pessoa racional, direta e objetiva como eu, logo entende outra semelhante. Muitas vezes, quando ouço certos depoimentos, me vejo escrevendo ou lendo a mim mesmo. Se eu não tivesse ouvido essas palavras da boca de meu amigo Joann, eu teria dito que alguém estava me plagiando. Joann está no Brasil há quinze anos, e podemos dizer que sua família está literalmente espalhada pelo mundo. Sua avó italiana imigrou para o Uruguai, terra natal do meu amigo. Seu irmão mora na Bélgica, e ele tem primos na Espanha, na Itália e na Bolívia. De fato, uma família internacional.

"Para se alcançar o sucesso, saibam que acima de tudo é necessário tomar a decisão mental. Com uma atitude mental positiva, você partirá para a ação. Gosto do seguinte pensamento: somos eternos aprendizes. Isso significa que estamos em constante processo de transformação e mudanças. Meu maior desafio é superar a mim mesmo a cada dia, aprender novas habilidades, para poder crescer ainda mais. Nesse processo, é fundamental saber lidar com as pessoas e encarar de frente o preconceito e as barreiras encontrados pelo caminho. É importante, também, aceitar as limitações e desafiar os próprios limites.

Eu sou apaixonado por tudo o que faço, porém meço tudo o que faço com frieza e cálculo. Quando entrei para a Aloha, fui decidido, por inteiro, não pela metade. Entrei para fazer acontecer, não para perder meu tempo. É importante dizer quem eu sou, o que faço, para que tudo esteja às claras. Possuo uma empresa de segurança eletrônica no estado da Bahia, em onde vendo equipamentos de segurança virtual. Há anos, estou ligado ao empreendedorismo e me identifico muito com o comércio. Sou objetivo. Por isso foi fácil tomar a decisão de entrar para a Aloha, uma empresa de Carlos Wizard, por quem tenho grande estima, de quem tanto admiro a trajetória de sucesso empresarial.

Quando me perguntam o que a Aloha significa para mim, posso dar um mar de respostas. De maneira sintética, a empresa significa conexão e propósito. Sou Aloha por satisfação, e sou feliz por fazer o que gosto. Me conecto com pessoas diferentes todos os dias, nos mais variados níveis. Poder ajudar o outro a obter resultados e, como consequência, também ter resultados com elas, me faz uma pessoa melhor. Enfim, sendo objetivo: Aloha significa alegria, paz, liberdade e satisfação pessoal."

Chega um ponto na liderança em que não conseguimos mais crescer sozinhos. Apenas o convívio com outras pessoas é capaz de nos fazer evoluir no crescimento pessoal.

Trabalho *com* minha equipe, não *por* minha equipe

Jia Sun Costa
Campinas – SP

Ao completar 55 anos, comecei a estudar chinês. Possuo interesses na China, país onde já havia fixado muitas escolas e desejava ampliar o mercado. Aqueles que me conhecem sabem que quando eu foco em um assunto, vou até o final, me dedico, me entrego, faço tudo para superar todas as dificuldades. Poucas vezes me deparei com uma língua tão complexa, extremamente difícil para estrangeiros, toda guiada por símbolos e por uma musicalidade própria, composta de diversos tons. No entanto, minha admiração pela cultura milenar daquele país e pela modernidade da China atual me deu motivação para seguir adiante em meus estudos.

Em 2013, conheci Nicole Costa, como ela é conhecida no Brasil, uma chinesa recém-chegada de Xangai, que dava aulas de mandarim. Exceto pela família de seu esposo, no Brasil, ela não conhecia ninguém. Não tinha amigos, não falava português, não tinha vida social. Como imaginar que uma pessoa em tal situação poderia se dar bem começando o próprio negócio. Tenho certeza de que não há acasos na vida e de que ninguém vence por acaso. Deixemos a história por conta dela agora:

"Quando comecei a dar aula para o Carlos, eu não sabia quem era ele. Eu só me lembro de que ele negociou muito para ter um desconto no preço. Se eu soubesse que seu sobrenome era Wizard, jamais teria dado o desconto. Daquela época para cá, ensinei dezenas de alunos, mas nenhum com a disciplina e a dedicação do Carlos. Ele também me apresentou a diversos empresários, e comecei a fazer traduções e a interpretar palestras para chineses que vinham a negócios ao Brasil. Pouco a pouco, ganhei meu espaço e as empresas passaram a me procurar através das mídias sociais. O que me fez sentir feliz, realizada e importante, a ponto de ter mais demanda de trabalho do que era capaz de realizar. No entanto, algo me preocupava. Meu horário estava todo tomado e minha capacidade de renda era limitada. Uma pergunta ocupava minha mente: como ganhar mais dinheiro? E ainda, o que fazer para multiplicar minha renda sem precisar multiplicar o número de horas trabalhadas? Em minha cabeça, um ensinamento que aprendi com Carlos Wizard ressoava: o tempo sempre é um recurso limitado, nossa capacidade de ganho é ilimitada. À época, eu tentava entender melhor como conciliar essas duas realidades.

Cheguei a pensar em abrir minha escola. Afinal, sabia que ele também havia começado com um, dois, três alunos. Será que eu não conseguiria fazer o mesmo? Convenci meu marido a comprar uma casa para abrir a tal escola de inglês, chinês, vários idiomas; eu sonhava com uma escola moderna, sofisticada, aconchegante. Só que a realidade me mostrou que eu precisava investir mais de trezentos mil reais para iniciar uma escola que correspondesse a esse padrão.

Em 2017, após uma aula, Carlos me falou que suas filhas Thais e Priscila estavam abrindo uma empresa de óleos essenciais. Ele não me explicou muito, mas pediu que eu falasse com elas. Após conhecer o modelo de negócio, resolvi investir e adquiri um conjunto de produtos, que na época se chamava Combo Prosperidade. Não entendia nada de marketing multinível, mas da mesma forma que aprendi a falar português, pouco a pouco aprendi os conceitos e as técnicas do negócio.

No início, meu maior desafio foi a barreira do idioma. Era preciso ler qualquer instrução duas, três, até dezenas de vezes para entender e isso tomava muito tempo. Para se ter uma ideia, precisei estudar sozinha em casa para entender o plano de negócio proposto, e dez vezes mais que um brasileiro. Como eu poderia ensinar o plano a outras pessoas, se não o compreendia de forma clara e simples? Ou seja, para poder treinar minha equipe, tive primeiro que treinar a mim mesma, afinal nunca tinha feito marketing de rede antes, não sabia o que funcionava, nem como. Mesmo assim, não desisti. Simplesmente fiz, fiz, fiz, errei, errei, errei, e refiz até acertar. Foi esse processo de aprendizado que me fez crescer, desenvolver e me destacar como uma das principais líderes da rede no Brasil.

Hoje, posso afirmar que a Aloha me proporcionou uma vida nova. Nunca imaginei que eu poderia fazer tantos amigos no Brasil. Sinto que tenho muitas famílias aqui. O importante é que são pessoas que possuem os mesmos objetivos e propósitos que os meus – para mim, isso é importantíssimo. É triste quando percebemos, às vezes, pessoas próximas ou familiares tentando matar nosso sonho de prosperidade. Em meu país, por exemplo, os pais sempre incentivam os filhos a trabalhar para uma grande empresa, na esperança de conquistar a estabilidade e um futuro melhor. Os asiáticos são, por natureza, muito conservadores: eles querem proteger seus filhos o máximo possível, poucos os incentivam a abrir o próprio negócio. Eu penso diferente, nasci com o espírito empreendedor. Prefiro me arriscar a ter uma renda variável de acordo com meu empenho e dedicação, do que trabalhar por um salário fixo e esperar ganhar a mesma quantia o resto da vida.

Desde jovem queria me tornar rica. Sabe por quê? Não era apenas para minha própria conveniência, para ter o conforto que o dinheiro proporciona. Acima de tudo, sempre desejei auxiliar o próximo. Mas como é possível ajudar o outro se eu não tenho nem o suficiente para mim? Essa foi minha maior motivação para fazer Aloha. Com esse modelo de negócio fantástico consigo ter minha renda, ao mesmo tempo que auxilio os outros a ter autossuficiência. Estou na empresa há pouco mais de um ano e já acompanhei o processo de transformação na vida financeira de muitas pessoas da minha equipe. Essa é uma sensação emocionante. No fundo, estamos transformando vidas, e isso não tem preço.

É claro que, como chinesa, gosto de ganhar dinheiro, mas o que mais me motiva a fazer a Aloha é a liberdade que esse modelo de negócio me oferece. A partir dele, consigo fazer coisas que nunca imaginei serem possíveis. Recentemente, por exemplo, tive que viajar às pressas à China: minha mãe havia sido hospitalizada e se submeteria a uma cirurgia; ao mesmo tempo, minha avó foi hospitalizada, já em estado terminal. Foi difícil deixar tudo no Brasil de repente, mas segui minha voz interior, entrei no site da Emirates, comprei minha passagem e parti. Em Xangai, vivi sentimentos de grande alegria ao acompanhar o restabelecimento de minha mãe. Por outro lado, também de muitas tristezas ao me despedir de minha avozinha, que nos deixou após uma vida de 85 anos. Após trinta dias, retornei ao Brasil e recebi uma das maiores bonificações no final do mês. Mais uma vez, tive a sensação de que fiz a escolha certa ao abraçar a Aloha como projeto de vida.

As pessoas com frequência me perguntam como consegui, em pouco tempo, atingir a qualificação de Diamante e depois Duplo Diamante. A resposta é simples: acredito na empresa, acredito nas pessoas, acredito em meus sonhos. A crença nos produtos e nos valores do negócio é essencial para um bom começo. Mas, acima de tudo, você vai prosperar somente se acreditar nas pessoas. Isso significa não trabalhar *por* sua equipe, mas trabalhar *com* sua equipe. E é isso o que faço. Nunca nego ajuda a quem está começando no sistema. E, finalmente, como ensina Jack Ma: 'Um verdadeiro empreendedor não tem inimigos. Quando ele entende isso, o céu é o limite'. Por isso valorizo muito a amizade em minha equipe.

Durante meu primeiro ano na Aloha, vi pessoas entrarem e saírem da rede. Mas sabe de uma coisa? Das pessoas que convidei, raríssimas desistiram. Por quê? O segredo está no relacionamento: é esse o ponto essencial. Não limito os encontros com a equipe aos aspectos comerciais; eu promovo atividades, jantares, passeios, todos juntos. Afinal, todos amam o sentimento de pertencer a um grupo bem-sucedido."

O relacionamento é a essência de qualquer negócio. Entender isso e investir seus esforços para construir bons relacionamentos é a chave do sucesso.

Refazer a vida e sentir-se mãe de verdade

Simone Oliveira Cafure
Cuiabá – MT

A cada novo relato que compartilho com você, leitor, me lembro do encontro em Park City, do conselho que recebi de retornar ao Brasil e ajudar a população a empreender. A história que você vai conhecer agora, confirma, pelo menos para mim, que o projeto que iniciei com minhas filhas vem sendo, apesar de sua curta existência, um elemento regenerador, de transformação de vidas, das mais distintas formas de viver. Há casos que emocionam pela coragem: a coragem de quem arrisca tudo e vence, verdadeiros exemplos a serem seguidos. O relato de Simone Cafure é um deles.

"Advogada, construí, ao longo de 25 anos, uma sólida carreira na área jurídica. Minha atividade profissional era vitoriosa, trabalhava com leis, decretos, processos, e convivia com casos complexos, buscando sempre o amparo de meus clientes. Ainda assim, como todo mundo, eu sofria derrotas que me amarguravam, a injustiça imperando em determinadas ocasiões – afinal, as leis dependem de interpretação, de casuísmos, além de certos interesses, às vezes escusos.

À certa altura, percebi claramente que não era feliz na carreira jurídica, em especial porque ela me afastava de minha família. Eram horas e horas no escritório, atendendo clientes, pesquisando leis, participando de cursos e viajando para congressos ou convenções para me aprimorar, ou para atender clientes fora de minha cidade, restando pouco tempo para a casa e os filhos. Tenho três meninos, dois são gêmeos. Um deles, o Luiz Guilherme, atualmente com onze anos, nasceu com uma doença congênita chamada síndrome de

Coats. Na época de seu nascimento, os médicos não solicitaram o exame dos "olhinhos". Há dois anos, minha mãe percebeu que Luiz Guilherme estava estrábico e recomendou que eu procurasse um oftalmologista. Foi então que descobrimos a doença: lamentavelmente avançada, o menino já havia perdido 98% da visão.

Depois da descoberta, vieram as culpas e recriminações. O que estava fazendo de minha vida e da vida dos meus familiares? Como não tinha me dedicado suficientemente às crianças? Até ali, tinha sido necessário que minha mãe me alertasse de que algo grave estava acontecendo. A partir de então, assumi que a direção da minha vida estava errada: como era possível que eu não me desse conta de algo muitíssimo sério acontecendo dentro da minha própria casa? Comecei a fazer sessões de *coaching* para tentar entender em que ponto eu estava e para onde deveria ir.

Sempre acreditei muito na força da atração. De alguma forma enigmática, penso que atraímos aquilo que mais desejamos. Certa vez, lendo *O negócio do século XXI*, livro de Robert Kiyosaki, entendi o mercado de marketing de rede. Embora não soubesse explicar, naquele instante acho que era exatamente o que eu estava buscando: liberdade financeira, aliada a flexibilidade do tempo. Pouco tempo depois, um amigo me apresentou a Aloha. De início, me identifiquei com os princípios da empresa de valorização do ser humano, de importância à aquisição do conhecimento de forma sistematizada, com um propósito maior, não apenas com o objetivo de ganhar cada vez mais dinheiro. Meu maior desafio para atingir a qualificação de Diamante Fundador – que, aliás, consegui em seis meses – foi romper comigo mesma, quebrar a resistência de meus paradigmas e conseguir abrir mão de algo menor para atingir algo maior: fechar meu escritório de advocacia foi um desses passos.

Hoje, minha maior motivação para fazer a Aloha são meus filhos, estar com eles, acompanhar seu crescimento e desenvolvimento pessoal. Tudo isso não tem preço. Para mim, a Aloha é fruto de uma manifestação divina que me trouxe um recomeço de vida. Em especial, a empresa me possibilitou acompanhar o dia a dia e o crescimento de meus filhos, seus estudos, dilemas, dores, ansiedades, alegrias, descobrir seus sonhos, suas dificuldades em compreender a vida, orientá-los, entendê-los, mostrá-los que estou por perto, que eles podem confiar em mim, pois sou esteio, sou amparo. Penso que, pela primeira vez, realmente vivo. Sou mãe. E meus filhos, minha família, todos se alegram quando cresço nas graduações da Aloha, eles comemoram cada nova conquista ao meu lado. Por isso, tenho certeza de que o encontro com a Aloha foi uma providência divina."

Você poderá mudar sua carreira de maneira radical, e é justamente essa a oportunidade de consertar os desvios de rota com os quais você se acostumou por causa da rotina.

Você é professor ou vendedor?

Bruno Lima e Gabriela Lima
Governador Valadares – MG

"Agora, sinto que sou capaz de mudar a essência das pessoas, ao oferecer-lhes qualidade de vida e condições de independência financeira. Não a uma, mas a centenas, a milhares até." Esta frase de Bruno Lima me impressionou, tal a firmeza com que foi dita. Poucos transmitem tamanha autoconfiança e autoestima. Em nossa conversa, certa tarde, fiquei ainda mais impressionado com outra afirmação desse amigo, hoje, muito bem-sucedido: "Agora sinto que sou capaz de mudar rumos, de oferecer qualidade de vida e condições de independência financeira, libertando o outro das angústias de uma vida de carência".

Eu não poderia deixar escapar a chance de conhecer a história deste líder nato. Pessoas como o Bruno me interessam profundamente. Acredito que cada uma nos presenteia com uma lição de vida e de determinação à parte, um retalho na imensa colcha da humanidade.

Comecei por questionar: "Bruno, quem é você e como chegou a esse estágio de realização pessoal e profissional?". Ele pareceu feliz em contar:

"Minha vida de empreendedor começou cedo, muito cedo. Desde menino, eu já ganhava meu dinheirinho. Certo tempo, produzia brigadeiros, sabor morango – olhe lá, meu preferido –, e os vendia. Outras vezes, era empacotador. Também buscava e vendia latinhas de todo o tipo. Fazia de tudo para avançar, não ficar na mesmice. Aos dezenove anos, minha igreja me chamou para servir como missionário mórmon. Esperava ser designado para algum país onde eu pudesse aprender inglês, meu sonho. Em vez disso, fui convocado a passar dois anos em Belém do Pará. Comecei a pensar: 'Como vou aprender inglês na região norte do Brasil?'. Para muitos, isso seria um balde de água fria. No entanto, isso não diminuiu em nada minha disposição de aprender inglês, de ser fluente na língua. Minha fé, perseverança e disciplina estavam acima de tudo.

Ao mesmo tempo, durante a experiência, eu aprendia normas de vida: os missionários têm regras rígidas de rotina diária. Em geral, eles levantam às 6 da manhã para começar os estudos e a programação do dia. Para alcançar minha meta de aprender outro idioma, decidi que iria despertar antes, ainda de madrugada, às 5 da manhã, e me dedicar a fundo. Depois de dois anos, intensos, fiz o exame e recebi o Certificado de Proficiência na Língua Inglesa, emitido pela Brigham Young University.

Feliz, com o documento em mãos, já de volta de minha missão, saí em busca de emprego. Bati na porta da Wizard e decepção total: 'Você chegou atrasado. Não há mais vagas e todas as turmas já começaram. Novas matrículas somente no próximo semestre, para alunos e professores'.

Ali mesmo, tive uma inspiração. Cheio de coragem, fiz uma proposta incomum:

– Pois eu tenho uma ideia diferente. Vocês não precisam esperar até o próximo semestre para me contratar.

– Como assim? Não temos mais alunos e as classes já estão todas formadas. Não temos vagas para professores. Entendeu? Não? Repito: não há mais vagas para professores.

– Entendi bem, o senhor é que ainda não me escutou. A minha proposta é sair, percorrer a cidade, e conquistar novos alunos para a escola.

O dono de escola me olhou, entre espantado e agradavelmente surpreso. Ele não esperava que eu reagisse daquela forma.

– Me diga uma coisa, meu jovem. Não sei se você me irrita ou se me encanta. Você é vendedor ou professor?

– Essa é outra história, depois posso contá-la a você. Mas se você aceitar minha proposta, eu começo agora mesmo a buscar alunos.

– Bem, e se eu aceitar, quanto você vai me cobrar para trazer novos alunos?

– Nada.

– Nada? Vai trabalhar de graça? Qual é a jogada? É um golpe?

– Nem jogada, nem golpe. Quero ser professor de inglês. Vou ganhar pelas aulas dadas. Só isso.

De repente, ele entendeu, e sorriu:

– Negócio fechado!

Naquele momento, o que o dono da escola não podia prever é que, meses depois, eu seria o professor com o maior número de alunos da escola. Com o passar do tempo, ele me promoveu à coordenador. Mais tarde, me convidou a ser seu sócio. Finalmente, terminei por comprar cem por cento das quotas da escola. (Foi motivo de imensa satisfação para mim ser homenageado pela Pearson Internacional como uma das maiores escolas da rede no Brasil, em uma convenção nacional.)

Quanto à Aloha, ela aconteceu em um momento especial da minha vida. Apesar de bem-sucedido, eu me sentia ansioso, insatisfeito, sentia que em minha vida faltava direção, faltava uma peça essencial. Numa sessão de *coaching*, aprendi que quando vamos contra nossos valores, nós sofremos. Entendi que eu estava deixando de lado um valor fundamental: aquele de auxiliar as pessoas ao meu redor a prosperar. Essa foi minha maior motivação para ingressar na Aloha. Hoje, sei que sou capaz de mudar vidas, oferecendo qualidade e condições de independência financeira a muitos. Certamente, minha experiência acumulada como empreendedor me auxiliou a atingir as qualificações mais elevadas da empresa. Hoje, meu maior desafio é conciliar tantas atividades ao mesmo tempo. Afinal, além das empresas, sou pai de quatro filhas e bispo da igreja. Agradeço o apoio que recebo de minha esposa, pois sem ela nada disso seria possível."

O maior desafio de um empreendedor é decidir que rumo tomar. A decisão implica na capacidade de dizer não a todas as outras possibilidades que não foram escolhidas e, talvez por isso, seja tão difícil decidir.

Um renascimento

Fernanda Miranda e Christiano Gomes
Salvador – BA

"O dia 8 de janeiro de 2017 sempre será, para mim, uma data impossível de esquecer. Até hoje, lembro-me vividamente da imensa felicidade com que meus pais tinham partido de Salvador para assistir à cerimônia de formatura de minha irmã na Faculdade de Medicina, em Petrolina. Aquele era um dia de grande expectativa, pura emoção e comemoração. Momento de êxtase para uma família simples, de origem humilde. Depois de anos de sacrifício e duras penas, meus pais finalmente formavam sua filha mais velha em Medicina. O sonho deles era que eu e minha irmã tivéssemos uma vida diferente. 'Uma filha médica, que alegria!'.

No caminho rumo à Petrolina, uma tragédia. Lembro, ainda com horror, o telefonema que recebi na manhã daquele dia.

– Fernanda Miranda? Aqui é da Polícia Rodoviária de Petrolina. Sinto comunicar o falecimento de sua mãe, após sofrer grave acidente na Rodovia Santos Dumont, BR 116, há poucos instantes. Seu pai e sua irmã estão internados em estado grave.

Desesperada, eu tremia, chorava. Perdi o chão e não conseguia acreditar no que estava acontecendo. Minha irmã, que ia se formar e estava no carro, faleceu doze dias após o acidente. Meu pai foi o único a sobreviver. Após passar oito meses no hospital, ele teve alta, mas até hoje está acamado, não fala e é totalmente dependente de nós."

Enquanto avalio os inúmeros depoimentos que levantei para reunir neste livro, muitas vezes eu leio, releio, faço pausas, paralisado pela emoção e admirado com a força e a coragem com que muitos enfrentam a vida. Às vezes, quando paro, emocionado, seguro as lágrimas com dificuldade. Poucos podem imaginar a incrível sensação que sinto a cada encontro com esses heróis da Aloha, ao ouvir suas histórias, dificuldades, desafios, sonhos e realizações. Acima de tudo, é preciso entender este livro é sobre superação. Há pessoas que perdem tudo, ou quase tudo, se encontram no fundo do poço, têm tudo para aceitar o fracasso, no entanto, emergem vitoriosas. Uma dessas pessoas lutadoras, por quem tenho grande respeito e admiração, é essa jovem guerreira Fernanda Miranda. Como de costume, concedo a palavra a ela.

"Bem, passado o baque, consegui entrar na Universidade Federal da Bahia, onde comecei o curso de Nutrição. Quando faltavam oito meses para me formar, descobri que aquele não era o curso que eu queria. Esse foi um momento delicado. Flutuei no espaço vazio. Imagine, você, perto de sua formatura, se olha no espelho e descobre que não é isso que você quer fazer pelo resto da vida. Ainda que cheia de dúvidas, acabei me formando. Mesmo antes desse momento, porém, eu já atuava no marketing de relacionamento de uma empresa norte-americana.

Acredito que tenho essa veia empreendedora desde muito nova. Na quinta série, comecei a vender bijuterias para poder ter uma renda. Sempre tive vontade de ser livre, de ter um negócio – só nunca soube qual. Pensava assim: primeiro eu precisava me sair bem na profissão para depois juntar dinheiro para montar o negócio.

Em 2017, depois do trágico acidente que tirou a vida das pessoas que eu mais amava, minha vida virou de cabeça para baixo. Naquele momento, repensei muitas coisas. Eu e meu marido nos perguntamos o que é que estávamos fazendo de nossas vidas. Christiano teve um *insight* e começou a estudar o mercado. Descobrimos a Aloha: a nova empresa de Carlos Wizard. Confiei que este homem não montaria uma empresa para ser mais uma, mas para ser líder. Foi o que Christiano e eu vislumbramos naquele instante. Dessa forma, embarcamos nessa jornada chamada Aloha.

Quando conheci o plano de negócio, soube que os Diamantes Fundadores teriam sua história de sucesso relatadas em um livro sobre superação. Na hora pensei: 'Tenho que contar minha história'. E aqui estou. Para alcançar o objetivo de nos tornarmos Diamante, trabalhamos com muito empenho na busca da qualificação de nossa equipe. Para atingir essa categoria, tudo que se tem a fazer é ajudar os outros a também crescer. No universo do marketing de rede não tem como crescer e vencer sozinho, ou você ajuda os outros, ou você não cresce, não vence. Foi isso que fizemos, focamos no crescimento de nossa equipe."

Enquanto ouvia o relato emocionante de Fernanda, seu esposo Christiano estava ávido por compartilhar a sua versão desse momento significativo para o casal. Vamos ao seu depoimento.

"Cresci com um senso de liberdade. Estudei marketing, mas sempre trabalhei com produção musical – inclusive, tive uma banda heavy metal. Nunca me imaginei trabalhando em um escritório. Assim, tranquei a faculdade para tentar a vida fora do Brasil. Fui para Londres, depois para a Finlândia, e foram três anos de idas e vindas naquele país fantástico. Em 2009, conheci a indústria de marketing de relacionamento através de uma empresa norte-americana.

Quando atingi o nível de liderança, entrou em meu mundo uma menina talentosa, inteligente, e mais do que tudo, encantadora. Ela estava prestes a se formar em Nutrição. Um dia, perguntei a ela, direto e simples: 'Quer se casar comigo?'. Ela me respondeu que sim. Anos depois, no auge de nossos planos, a vida nos colocou diante da tragédia que levou a mãe e a irmã de Fernanda e nos deixou com o pai, infelizmente com danos cerebrais irrecuperáveis. Foi preciso mudar tudo, inclusive deixar a empresa em que atuávamos havia cinco anos. Estávamos os dois sem chão.

A partir de então, comecei a pesquisar o mercado e fui para Campinas para conhecer a Aloha. Logo me encantei pelos produtos e pela filosofia da empresa. Lá, encontrei o embrião de uma nova empresa 'internacional' surgindo no Brasil. Tudo o que vi me motivou e veio em um momento em que precisávamos de uma força maior para perseguirmos nossos sonhos. Nosso desafio na Aloha não era chegar à qualificação de Diamante – isso nós sabíamos como fazer. Nosso maior desafio foi se adaptar a uma nova forma de vida: agora, tínhamos uma pessoa em casa, sob cuidados médicos 24 horas por dia. Até hoje, o pai da Fernanda não se movimenta, é um paciente traqueostomizado. Às vezes, Fernanda acorda de madrugada para virá-lo na cama, limpá-lo, com a ajuda de uma cuidadora. Por essa razão, praticamente não temos noites livres para sair."

De volta à Fernanda:

"Eu tinha todos os motivos do mundo para ser uma pessoa desajustada, desequilibrada, deprimida, mas graças a fé que tenho em Deus, tive forças para seguir adiante. De certa forma, no momento oportuno, a Aloha fez renascer em mim uma nova Fernanda. Essa Fernanda veio para me dar um poder: o de construir uma vida incrível, com liberdade, sem bloqueios ou limites.

Se agora falo de sonhos, é porque sou uma pessoa sonhadora, que tem um motivo muito forte para estar viva. Descobri que há uma linha tênue entre o motivo e a desculpa, entre o sucesso e o fracasso. Alguns usam de qualquer desculpa para não lutar por seus ideais e, na maioria das vezes, cultivam a infelicidade para sempre. Conheço mulheres que alegam não poder empreender por terem filhos pequenos. Também conheço mulheres com filhos pequenos que progridem profissionalmente. Por isso, tenha muito cuidado com os limites que você cria para si mesmo: eles podem acabar como atos de autosabotagem, impedindo que você prospere. Enquanto alguns adiam seus sonhos de realização, sempre haverá aqueles que, apesar dos desafios impostos, fazem a diferença em sua vida e na vida de milhares de pessoas. Hoje, meu maior motivo para estar na Aloha é meu pai. Quero retribuir a ele cada momento doado durante minha infância e adolescência. Enfim, devo a meus pais minha formação."

Líderes são responsáveis por seus atos em tempos de glória e em momentos desafiadores.

Uma equipe vitoriosa, 98% feminina

Talita Vilas Bôas Costa
Salvador – BA

Quando ler o depoimento de Talita Vilas Bôas, você verá que ela sintetiza a nova mulher brasileira, desvencilhando-se das velhas amarras. Uma mulher que enfrenta a vida e batalha de igual para igual com os homens, quando não em superioridade. Este relato me emociona, porque a Talita levanta vários desafios que muitos enfrentam, mas acabam superando. Esta história é um verdadeiro manual de como agir, se comportar e encarar de frente, em especial os preconceitos que flutuam sobre o marketing de relacionamento.

"Minha maior motivação na Aloha é construir um time de mulheres que sobem no palco, brilham, protagonizam e ensinam, através de sua experiência, que podemos e merecemos ser muito mais. Fico emocionada ao ver mulheres comuns construindo vidas extraordinárias. Me motiva ver mães que podem estar presentes no crescimento, na educação e no dia a dia de seus filhos, como exemplos de força e amor, e ainda conquistam uma renda extra. Me emociona ver mulheres carregando crianças no colo durante os treinamentos, dando o seu melhor, em busca de seus sonhos. Me emociona ver mulheres de garra, comprometidas com seu sucesso. Eu amo minha equipe, pois sei que juntas seremos muito maiores!

Psicóloga, atuei até 2014 na área de Recursos Humanos, quando passei por uma experiência traumática que me fez buscar um novo caminho profissional. Eu tinha 24 anos e saía para trabalhar chorando e voltava chorando para casa. Em busca de crescimento profissional, saí do paraíso e fui direto ao inferno. O trabalho era em uma rede de lojas de varejo e atacado, e eu era responsável por uma dessas lojas. Foi uma das piores experiências da minha vida. Eu tinha que agir totalmente contra meus valores, pois a empresa tinha a política de dispensar os funcionários por 'justa causa'. Os gerentes levavam os colaboradores ao limite para aplicar tal punição. Além de ser um ambiente de trabalho hostil, era também insalubre: na minha sala, se acumulavam pilhas de roupas e botas sujas, dos funcionários que eram desligados, o que causava um tremendo mau cheiro. A sala do RH, pela proximidade do banheiro e pelas roupas sujas acumuladas, era infestada de baratas, que andavam pela mesa de trabalho, passavam pelo telefone – já aconteceu de, ao chegar em casa, encontrar baratas dentro da minha bolsa. Com tudo isso acontecendo, um dia acordei e implorei a minha mãe que eu não fosse trabalhar, pois não aguentava mais. Pedi demissão e busquei um novo caminho profissional, não queria mais passar por uma humilhação como aquela.

Em 2015, fiz minha formação em Professional Coach e decidi trabalhar com desenvolvimento de pessoas. Nos últimos anos, ajudei dezenas de mulheres a construírem negócios e a realizar sonhos pessoais e profissionais. Uma dessas mulheres foi a Wanessa Leite Albuquerque, que me convidou para fazer parte da Aloha. Na época, eu estava fazendo um curso sobre prosperidade financeira. O curso destacava que nós deveríamos buscar fontes de rendas alternativas. Era isso que a Aloha me oferecia naquele momento. Depois de ouvir tudo sobre o assunto, fazer pesquisas e projeções, estudei o mercado. Tenho o perfil racional. Se você me perguntar porque eu entrei, respondo com sinceridade: simplesmente porque acreditar que algo me levava até a Aloha.

Aconteceu mais um episódio de suma importância. Em minhas pesquisas, não encontrei muitas referências femininas no mercado de marketing de relacionamento e isso era algo que me incomodava. Percebi que aquele era um mercado altamente dominado por homens em papel de liderança. No entanto, quando soube que Thais e Priscila estavam à frente do projeto Aloha, o fato mexeu comigo. Até ali, meus últimos anos, tiveram como missão ajudar mulheres a conquistar seus espaços, a realizar seus sonhos e a protagonizar suas próprias histórias.

Minha atitude foi exatamente a que eu esperava de mim. Com essa visão, após entrar para a Aloha, construí uma equipe 98% feminina e consegui alcançar a renda extra do ciclo da prosperidade. Meu Diamante foi construído com persistência, comprometimento e conexão! Levei um ano para conquistar essa qualificação, e sem esses três pontos eu não a teria alcançado. Foi um grande trabalho de desconstrução (do antigo eu) e construção (do novo eu). Precisei ser muito persistente, para não desistir de tudo. Afirmo que cinquenta por cento do resultado que podemos obter, vêm de dentro, de nossa crença pessoal. Isso significa ter a convicção de que vamos vencer, de que aquele negócio vai transformar nossa vida e a vida das pessoas que fazem parte de seu time. Os outros cinquenta por cento são o trabalho em si.

Agora, gostaria de comentar um assunto que deve incomodar muita gente. Um dos maiores desafios que enfrentei foi lidar com a vergonha. Sim, eu tinha vergonha! Me preocupava muito com minha imagem, tinha medo do que 'os outros' iam pensar de mim. Me envergonhava de falar com as pessoas, de vender os produtos, de convidar outras pessoas para o negócio. A vergonha aumentava principalmente quando os mais próximos a mim comentavam que agora eu ia vender 'produtinhos'. Esse tipo de comentário me deixava arrasada. Eu sabia o que precisava ser feito, mas me sentia presa a esse sentimento negativo.

Outro desafio foi aprender a trabalhar em equipe. Acostumada a trabalhar e a fazer tudo sozinha, atuar em grupo foi desafiador, angustiante, e estressante algumas vezes. Agora, as decisões precisavam ser compartilhadas, elas não poderiam continuar apenas baseadas no que se passava em minha cabeça. O terceiro desafio foi aprender a lidar com pessoas. Respeitar o estilo, as histórias de vida, o tempo de ação e as crenças de cada um é um desafio constante. Esses aspectos me fizeram crescer e revelar uma Talita que até então eu não conhecia! Uma pessoa que cai, mas se levanta rapidamente. Alguém que chora, mas rapidamente enxuga as lágrimas. E, mais, uma mulher que não encara mais o NÃO como rejeição, mas como construção de experiências. Por fim, e acima de tudo, uma nova pessoa que não teme pelo que os outros vão pensar ou dizer. Quando cada membro da equipe cresce e se fortalece, eu também cresço e me fortaleço."

A sensibilidade feminina para a leitura das necessidades dos clientes é um diferencial valioso nas organizações.

De onde veio o telefonema que mudou duas vidas?

Antonio Ranieri Gomes da Silva e
Ellen Rita Chee-A-Tow Barbosa da Silva
Boa Vista – RR

Esta é mais uma das histórias que muito me emociona, em especial pelo fato de eu ter vivido no estado de Roraima, e ter conhecido de perto meu amigo Antonio Ranieri. Neste relato, você vai ler sobre mistérios divinos, enigmas da vida e decisões, vindas, sem dúvida, do alto – inexplicáveis para alguns, aceita para aqueles que têm fé.

"As crises econômicas que abalaram o Brasil nos últimos anos me afetaram profundamente. Sempre fui funcionário público. Há quatorze anos, trabalho como analista administrativo na área jurídica no Tribunal de Contas do Estado de Roraima. Mas o ano de 2017 me jogou direto ao fundo de um abismo. Sem contar com uma renda extra, nos atolamos em dívidas. A cada dia, semana, mês, as contas se avolumavam e, por mais que eu planejasse, procurasse uma solução, todas essas multas, juros e juros sobre juros me levavam ao desespero.

Certa noite, antes de dormir, orei a Deus e implorei por uma solução, por uma inspiração que me fizesse sair daquela fase negativa, de fato, catastrófica. Tudo o que eu queria era me tornar uma pessoa autossuficiente financeiramente, ter paz de espírito e dormir tranquilo à noite.

No dia seguinte, uma amiga, que há mais de dez anos eu não via, fez um contato comigo pela rede social e depois me ligou. Nossa conversa foi mais ou menos assim:

– Antonio, você estaria interessado em conhecer o novo projeto de Carlos Wizard?

– Espere, de onde você está falando?

– De Belém do Pará.

– Mas eu estou em Roraima.

– Sei, mas me diga, você está interessado?

– Estou, estou interessado em tudo, pronto para tudo, mas e quanto à distância? Eu estou em Boa Vista, você, em Belém.

– Nenhum problema, tenho uma amiga que vai chegar hoje em sua cidade. Ela vai conversar com você, apresentar o plano da empresa.

'Que bacana', pensei. 'Quem sabe há um caminho.' Poucos minutos depois, outra amiga, dessa vez de Boa Vista, me ligou: ela estava acompanhada de uma pessoa de Belém que gostaria de ir até minha casa apresentar o tal novo negócio do Carlos Wizard.

Fiquei muito alegre, surpreso e admirado. 'Nossa! Que rápido! Esse Carlos Wizard não perde tempo mesmo.' Pensei. A pessoa veio, e nós conversamos longamente; tudo me pareceu claro, viável. No entanto, fiquei apreensivo, nunca havia trabalhado naquele setor. Eu não sabia nada sobre marketing multinível. Discuti muito com Ellen, minha esposa, e resolvemos dar um tempo. Agradeci a visita e aproveitei para agradecer também a rapidez com que ela me atendeu. Ao que a convidada respondeu:

– Rapidez, como assim?

– Sim. Não fazia mais do que cinco minutos quando falei com uma amiga minha de Belém ao telefone e ela me disse que você passaria por aqui.

– Amiga de Belém? Você está falando de quem, do quê? Desculpe, mas não estou entendendo nada. Você está falando de quem mesmo?

– Da pessoa que me ligou e disse que você viria...

– Ranieri, me desculpe, não sei do que você está falando. Não conheço ninguém de Belém.

Naquele instante, ao mesmo tempo confuso e emocionado, olhei para Ellen, e senti que aquele encontro não foi por acaso. Foi uma resposta à oração que fiz na noite anterior. De repente e de forma inexplicável, estava diante da oportunidade que eu buscava. Naquele momento, apesar de nossas altas dívidas, resolvemos entrar na Aloha. Mas não entrar de qualquer jeito, mas adquirindo o plano Premium.

Foi a decisão mais correta que tomamos. A Aloha é uma grande escola de vida. Aprendemos não somente a nos relacionar melhor com as pessoas, mas especialmente como administrar, de forma planejada, nossos recursos financeiros. Para atingir a qualificação de Diamante Fundador, o maior desafio que enfrentamos foi superar nossa própria desorganização. A Aloha nos ensinou a lidar com o dinheiro, fazer orçamentos, aumentar nossa renda, pagar nossas dívidas e, ainda mais importante, aprendemos a poupar parte do que ganhamos.

Participar da convenção nacional foi um divisor de águas, um momento fantástico para o conhecimento e o relacionamento com grandes líderes Aloha do Brasil. Participar daquela tão sonhada viagem regional para um *resort* em Itapeva, no estado de São Paulo, nos deu a motivação para alcançar metas ainda mais altas.

A partir desse encontro, me inteirei de uma ideia interessante compartilhada por uma colega da rede: ela havia realizado uma campanha para ajudar crianças de um abrigo, doando cem por cento do lucro obtido na venda de um determinado produto. Resolvemos fazer uma campanha semelhante em nossa cidade. Procuramos a associação de combate ao câncer e firmamos uma parceria. Essa ação alavancou nossas vendas: a cada venda de um produto da campanha, oferecíamos outros produtos. Cinco de nossos empreendedores entraram no *ranking* nacional dos Top de Vendas Aloha. Enfim, sou grato a Deus por ter colocado essa empresa em nossas vidas."

Quando agimos em direção aos nossos objetivos, demonstramos nossa força interior.

Do trauma ao Diamante

Viviani Xavier
Rio de Janeiro – RJ

Esta dona de casa, mãe e avó, altamente qualificada, teve uma experiência frustrante em uma empresa anterior. Ainda assim, levada pela curiosidade e pelo espírito investigativo, aceitou o convite de uma amiga para participar da Aloha. Enfrentou resistência em casa, até que os produtos começaram a fazer efeitos surpreendentes na família. Sua participação no Luau Aloha lhe abriu novos horizontes e lhe deu coragem para alçar voos ainda mais altos.

"Ao me ver sair para a rodoviária do Rio de Janeiro com uma pequena maleta, meu marido José Guilherme indagou, surpreso, para onde eu ia. 'Visitar uma empresa em Campinas. Vai ser um bate e volta, não se preocupe. Antes da meia-noite estarei de volta em casa.' Estamos habituados às viagens e saídas repentinas um do outro. Afinal, sou fisioterapeuta, cinesioterapeuta, terapeuta floral, aromaterapeuta, e oficial da reserva da Policia Militar do Rio de Janeiro. Minha paixão é a terapia floral. Sou formada em Aromaterapia e Terapia Floral e tenho pós-graduação na área pela Universidade Federal do Rio de Janeiro. Por isso, quando eu soube da Aloha, o que me cativou desde o início foram os óleos essenciais – queria conhecê-los, pois pesquiso tudo que esteja ligado às minhas paixões e ao meu trabalho.

Ainda me lembro de quando cheguei à empresa, em Campinas, onde fui recebida por Priscila. Aquela imagem ficou guardada em minha cabeça. O que me chamou muita atenção, e fez toda diferença, foi ver Priscila tirar sua filhinha Victoria de uma sala bem próxima de onde estávamos. Lá, havia um difusor que liberava um óleo calmante; na sala, dois outros bebês. Logo pensei: 'Este é um berçário super VIP, um ambiente diferenciado, e ela expõe seu bem mais precioso no mundo para usar esse óleo. Como duvidar de seus benefícios?'. Tive certeza da qualidade daqueles produtos. Resolvi abraçar o negócio. No mesmo dia, voltei para casa, de ônibus, carregada de vários kits Aloha. Quando cheguei em casa, uma surpresa: a firme resistência de meu marido. No passado, fizemos parte de uma empresa de multinível; uma experiência frustrante e desgastante, consequência da falta de profissionalismo da empresa. A partir daí, meu marido criou uma barreira com qualquer negócio do setor. Na ocasião ele foi áspero, duro mesmo: 'Para você, não basta tudo o que vivemos? Não quero saber nada de Aloha. Pensei que você fosse conhecer a empresa, mas agora você me volta para casa com a bagagem cheia de produtos!!!'.

Aquelas palavras me deram frio na barriga. Comecei a pensar o que eu faria agora com todos os produtos comprados. 'Acho que o jeito é usá-los em família e esquecer o prejuízo.' Minha empregada, por exemplo, que sofria com um caso sério de alopecia, ou seja, perda repentina de cabelos, passou a consumir. Após trinta dias de uso de colágeno e óleo essencial Frankincense, o cabelo de minha empregada deixou de cair e voltou a crescer. Ela estava tão feliz, que dizia para as amigas que não ficaria mais careca. Meu netinho de dois anos vivia resfriado, quase ao ponto de contrair uma pneumonia. Ao usar o óleo essencial Aloha Air, ele nunca mais teve resfriado. Quando comentei tudo isso com minhas amigas, elas passaram a comprar os produtos.

Aos poucos, meu marido observava os efeitos positivos da Aloha e tornou-se mais flexível, aceitando minha proposta de negócio. Quando me qualifiquei como Esmeralda, em apenas três meses, ele viu que a Aloha não era igual a outras empresas. Fiquei muito feliz quando ele resolveu me acompanhar no Luau Aloha, realizado em Angra dos Reis. Lá, fomos recebidos por Carlos Wizard e sua família, um momento incrível, muito especial. O encontro me motivou a alcançar a qualificação de Diamante Fundadora. E o mais importante: hoje, posso contar com cem por cento de apoio do José Guilherme.

Agora, meu próximo objetivo é chegar a Triplo Diamante. Já posso me ver recebendo as chaves de um carro zero quilômetros durante a convenção. Espero que as pessoas que eu tanto amo, e que hoje passam por tanta dificuldade no mercado tradicional, possam migrar para esse novo modelo de negócio. A Aloha hoje é meu objetivo de vida. Ela me tornou uma pessoa mais feliz."

Um líder sabe valorizar o produto que tem em mãos e transmite aos seus clientes esse valor.

A meritocracia me motiva demais

Fátima Lamachão
Rio de Janeiro – RJ

Admiro pessoas que realmente vão a fundo, sentem-se perdidas, chegam quase ao desespero, e voltam à tona, ganhando forças para refazer a vida, batalhar, vencer. Algumas pessoas se entregam, outras, subitamente, descobrem uma brecha, uma luz no fim do túnel, e se reerguem vitoriosas. Fátima é uma delas.

"Mal podia imaginar que minha vida estava prestes a mudar por completo numa tarde em que, em Campinas, fui levada à sede da Aloha por uma grande amiga. Naquele momento, ela sabia o que fazia. Eu vinha de uma enorme decepção, estava no maior baixo-astral, sem saber o que fazer da vida. Imaginem que eu tinha trabalhado por anos e anos em uma multinacional de vendas diretas. Atingi rapidamente várias qualificações e minha meta sempre foi chegar ao topo, ao nível mais alto. No entanto, após dez anos de batalhas, dando tudo pela marca, de nada adiantava. Cada vez que eu estava para atingir a qualificação máxima, ela se distanciava. Isso acontecia em razão das manobras constantes e das artimanhas habilmente construídas pelas regras que me impediam de crescer. Me senti patinar; eu e todos os meus companheiros, era uma coisa deliberada, bem articulada. Parecia que a própria empresa lutava contra mim e contra todos. A cada mudança nas normas e nos regulamentos, eu precisava começar tudo de novo, do zero. Isso tirou totalmente a minha motivação, fiquei infeliz, quase caí em depressão; eu sabia que estava diante de um muro intransponível. Exatamente nesse momento, conheci a Aloha.

Na sede da empresa, sempre vou me lembrar de Priscila Martins me estendendo a mão, sorridente, aberta, simpática e simples – muito diferente da arrogância de meus antigos chefes. Na sequência, Thais também entrou, me oferecendo um dos *shakes* de morango e chocolate da marca.

O *shake* estava geladinho. Mesmo assim, eu senti um calorzinho, era uma sensação agradável, como se elas me conhecessem há muito tempo. Antes de experimentar, fiquei um pouco apreensiva porque, confesso, nunca gostei de *shake*. Felizmente, minha apreensão se transformou em satisfação. Adorei o sabor. Também experimentei as barras de proteína de coco, de limão e de cacau – todas com sabor delicioso.

E de repente, quem entra na sala? Carlos Wizard. Fiquei sem fala. Ele nos entregou o livro *Desperte o milionário que há em você*, de autoria dele. Não resisti, encantada pela forma gentil como ele nos recebeu, pedi para tirar uma *selfie*. Guardo essa foto até hoje, com carinho. Além dos produtos incríveis, dois fatores contribuíram para minha decisão de entrar para a empresa: primeiro, a trajetória de sucesso de seu fundador; segundo, a oportunidade de trabalhar em uma empresa baseada nos preceitos da meritocracia – a igualdade de oportunidade para todos é algo essencial para quem tem espírito empreendedor. E isso me motiva demais!

Em razão de minha prévia experiência com vendas diretas, atingi a qualificação de Diamante Fundador em apenas 83 dias. Tenho grande orgulho de ser a primeira Diamante do Rio de Janeiro. Fiquei emocionada ao receber a Priscila na minha cidade em um evento incrível, no final de 2018. Na ocasião, preparei tudo com dedicação e muito carinho. Estava receosa se teríamos público suficiente, mas felizmente o auditório lotou.

Hoje, meu sentimento é de imensa gratidão ao meu marido Alexandre e aos meus filhos Gabriel e Guilherme, pelo apoio e respeito aos meus horários de trabalhos, me proporcionando liberdade para realizar meu sonho como empreendedora. Tenho uma equipe fantástica, reconheço e valorizo cada pessoa que faz parte dela. Também tenho líderes formidáveis, com quem me comunico diariamente. Sou grata pela existência da Aloha; por ela me presentear com todas essas realizações. Por fim, não poderia deixar de expressar minha gratidão a Deus, que me dá saúde, energia e inspiração para levar meus sonhos adiante. Por todas essas dádivas, para mim, a Aloha significa mais do que uma ocupação ou uma fonte de renda satisfatória: eu a amo."

Liderança exige que a constância e a velocidade andem juntas. Fortalecer uma delas sem olhar a outra é como andar em um carro com os pneus da frente cheios e os de trás vazios.

Superando crenças limitantes

Lenice A. Tonielo Kleina
Curitiba – PR

A cada relato, a cada momento, sempre que ouço o que as pessoas têm a dizer, me convenço de que tenho sido abençoado ao conhecer pessoas tão maravilhosas. A história de Lenice, por exemplo, poderia ocupar vários capítulos de um livro, tamanha a riqueza de suas experiências. Traumatizada, ela caiu no mais profundo abismo, mas se refez, e descobriu que os aspectos negativos do passado não devem ser alimentados.

"Nunca pensei que o mundo em que eu vivia um dia ia desabar. Julgava-me em um lugar sólido, onde eu poderia crescer e crescer, até chegar ao topo. Afinal, já se somavam dezessete anos de uma carreira bem-sucedida, em uma excelente multinacional, um ótimo salário, além das viagens a incontáveis países. Tudo, até o dia em que enfrentei o inesperado: fui demitida. Meu mundo acabou, o chão desapareceu debaixo dos meus pés; sentia tonturas, como se estivesse passando por um violento ataque de labirintite.

Sentei-me no escritório e o tempo passou. Todos se foram e de repente as luzes se apagaram. Creio que voltei a mim, e desci, em direção à saída. 'Para que lado ir?' Eu não reconhecia aquela cidade. 'Eu tinha uma casa?' Uma violenta dor martelava em minha cabeça; todos os meus músculos enrijecidos. 'Quem eu era?' Não sei se fiquei um minuto ou horas ali, na calçada, paralisada. Até hoje, não sei explicar como voltei para casa. Fiquei em estado catatônico. Amigos me visitavam, mas eu mal falava. Todos queriam me agradar, mas eu não acreditava em mais nada. 'Quando a indenização acabasse, como eu iria sobreviver?'

Não sei dizer quanto tempo se passou. Aos poucos voltei ao normal, era preciso enfrentar a realidade. Uma noite, uma grande amiga me convidou para uma reunião em sua casa. Aceitei. Apesar de nem saber do que se tratava, eu queria ver, estar, com pessoas. Quando tomei conhecimento da situação, percebi que os convidados falavam sobre um negócio de vendas diretas, formação de rede, promoção de produtos. Continuei ouvindo, distraída, imaginando: 'Esse negócio não é para mim. Se depender de vender alguma coisa, vou morrer de fome'. Mesmo assim, depois de conhecer os produtos da tal Aloha naquela oportunidade, resolvi aderir ao sistema como consumidora.

Eu ainda vivia meu 'luto'. Foram dois meses em estado de depressão. Eu havia perdido o rumo, não sabia o que fazer. Mais uma vez, essa mesma amiga me convidou para acompanhá-la, dessa vez numa convenção nacional da Aloha. Resisti o quanto pude, mas, ao final, abri a guarda. E Aleluia!!! Bendito dia! Foi naquela convenção de maio de 2018 que acordei para a vida! Consegui adquirir uma nova postura mental, em que passei a visualizar novas perspectivas e possibilidades para meu futuro. Comecei a ler mais e me sentir convicta de que tudo o que eu desejasse com sinceridade seria alcançado. Dali para frente, eu poderia, portanto, atrair novas realizações para minha trajetória.

Um momento essencial foi quando admiti que tinha chegado a hora de limpar a mente, de parar de pensar nas coisas negativas do passado. Era hora de focar no positivo, nas oportunidades diante dos meus olhos. Afinal, trabalho com uma linha de produtos incríveis, sem concorrência no mercado, sem elementos químicos prejudiciais à saúde, focada numa proposta saudável. Assim, eu disse para mim mesma: 'Só tenho que conhecer mais esses produtos e divulgá-los.' E foi o que fiz. A partir dessa completa mudança de mentalidade, no final de outubro de 2018, em um único mês consegui atingir as qualificações de Rubi, Esmeralda e Diamante.

A Aloha me ajudou a eliminar minhas crenças limitantes. Aprendi a não me sabotar e a fazer o que precisa ser feito, sem desculpas. Hoje, estou convencida de que todos nós somos capazes e temos talento para conquistar o que desejarmos. Acredito que tudo isso depende apenas de focar nossa energia mental na obtenção de resultados, sem se amargurar com situações do passado.

Mesmo com todas as vitórias pessoais, o que mais me motiva a fazer parte da Aloha é a felicidade nos olhos dos meus clientes; quando recebo, via WhatsApp, mensagens como esta: 'Passava o dia todo deitado, na cama ou no sofá, com dores no corpo, nas costas, nas juntas. Comecei a tomar o colágeno, o ômega 3, a usar óleo essencial. Hoje, consigo limpar meu jardim, dar banho nos cachorros, mexer na minha horta, fazer minhas caminhadas'. Ler mensagens como essa é muito gratificante. Sou grata à Aloha. Com ela, pude me salvar e resgatar meus sonhos, minha vida profissional e minha capacidade de realização."

Saiba valorizar o sabor do recomeço. Pode ser amargo no início, mas as lições aprendidas por esses momentos nos acompanham por toda a vida.

Empreender significa redescobrir-se

Ruth Elis Martins Gonçalves
Santiago – **RS**

Como esta professora, também acredito que os anjos do céu nos guiam. Eles chegam na hora certa e necessária, depois de nos testar ou nos avaliar. Quando parece não haver mais solução, a solução surge, é indicada. Então, depende de nós acreditarmos, nos dedicarmos, trabalharmos com obstinação.

"Não me contive, gritei. Na verdade, tentei gritar. Minha voz não existia. O que ouvi foi algo como um ronco, seco, breve. Então era verdade, eu tinha perdido a voz. Atordoada, fui até o espelho e disse uma palavra: o silêncio. 'E agora?'

Há dias aquela dor de garganta me atormentava, crescia, até se transformar num receio paralisante que me apavorava, me consumia. 'E agora? O que fazer?'

Fiquei sem chão. Eu vivia da minha voz, dependia dela. Sempre atuei como professora de português, inglês, espanhol, e comunicação em geral. Construí uma carreira de quinze anos na área de educação. De março a dezembro, dava aulas de segunda a sexta-feira, das 7:30 até às 23 horas. Em todo esse período, eu falava, falava e falava, apenas. A voz era minha ferramenta de trabalho, meu sustento. 'E agora?' Meu desespero crescia a cada segundo, a cada minuto.

Como se essa rotina intensa não bastasse, eu passava o sábado e o domingo estudando. Durante os meses de janeiro e fevereiro, eu aproveitava para fazer cursos de pós-graduação, tanto no Brasil como no exterior. Nessa correria, admito, eu praticamente não tinha vida. Ou seja, eu respirava trabalho e a minha vida era aprender e ensinar. E de repente, tudo o que eu tinha era um sopro. Aos poucos, me acalmei, até conseguir raciocinar com lucidez.

Eu estava sozinha em casa. Pela primeira vez, parei para refletir sobre minha profissão, minha saúde, minha vida. Será que aquilo seria mesmo vida? Naquele momento, decidi – como se atingida por um raio. Tirei uma licença-prêmio por dois anos: um ato de coragem. Estressada, sentia que necessitava de um tempo de reflexão e me afastei de todas as escolas. Eram nada mais nada menos do que cinco instituições: duas escolas públicas, um curso preparatório para concursos, uma escola de cursos técnicos e uma escola de idiomas, onde atuei por mais de dez anos, que, coincidentemente, era a Wizard.

Percebam como Deus prepara tudo ao seu modo. No momento em que eu mais precisava de uma mudança, de um recomeço de vida, quem aparece em minha casa? Ele, Carlos Wizard. Certa noite em novembro de 2017, liguei o computador para pesquisar palavras-chave como negócio, transformação, projetos. Eu estava ansiosa por algo novo, desesperada por uma mudança em minha vida pessoal e principalmente profissional. E eis que, de repente, aparece na tela a palavra Aloha, seguida do nome de Carlos Wizard.

'O que o Carlos faz na tela do meu computador a essa hora?', pensei. Li muito sobre a Aloha e assisti um vídeo de apresentação da empresa. Já tinha lido todos os livros de autoria de Carlos Wizard, eu era uma admiradora. Na hora, sem hesitar, fiz meu cadastro no site e, no impulso, também fiz um cadastro no nome do meu marido Everton. Ele assumiu o compromisso de me ajudar em meu desenvolvimento na empresa. Estamos juntos há mais de quinze anos. Everton é parte essencial de minha vida.

Tudo aconteceu no momento certo: eu estava em busca de uma mudança, e Deus, em sua perfeição, enviou a Aloha até mim. Queria fazer algo em um lugar em que eu pudesse ser feliz, algo que se encaixasse ao meu estilo de vida – ser mãe da Melissa –, e queria melhorar a minha vida financeira com aquilo que me apaixonasse, podendo empreender, construir, me desenvolver e até mesmo me redescobrir. Uma nova etapa, um novo ciclo de vida."

*

"Por muitos anos convivi com um sério problema de alergia. Fazia uso contínuo de corticoides, não saia sem minha bombinha, sem meu *spray* nasal e outros medicamentos. Graças aos óleos essenciais, meu sistema imunológico se fortaleceu e minha alergia desapareceu. Hoje, tenho satisfação em levar esse conhecimento ao maior número de pessoas.

Moro em Santiago, pequena cidade do interior do Rio Grande do Sul. Escolhi viver aqui em busca de qualidade de vida. Assim, posso ficar mais próxima da minha filha, que hoje tem três anos.

O marketing de relacionamento, mesmo que viva expansão pelo país afora, ainda vive aqui um processo de entendimento, estudo e análise. É um mercado novo e desafiador, porque desperta algo bom nas pessoas, os sonhos, ao mesmo tempo que se choca com o medo e a incerteza da ruptura com uma profissão, até então sólida, por uma nova maneira de empreender.

Por isso, precisei vencer quatro desafios até chegar à qualificação de Diamante. O processo de recrutamento foi menor do que a adesão aos produtos; a preocupação em formar um time ativo e comprometido, uma vez que o contato pessoal foi feito individualmente, um a um, quase nada por meio digital: assim, meu desenvolvimento foi mais gradual e exigiu muita paciência. Ainda, fui obrigada a aprender a organizar o meu tempo, garantindo o conhecimento sobre os produtos, algo próprio ao meu perfil. E, por fim, precisava sair à rua para vender, recrutar, cuidar das minhas clientes e dar toda a assistência ao time.

Seguindo esse passo a passo, formei uma rede de consumidores e distribuidores. Hoje, conto com mais de cem clientes. Alguns se cadastram apenas para consumo inteligente, outros para vender produtos, e os demais para construir uma rede e ter a oportunidade de liderar e expandir seus negócios.

Na Aloha, amo cada produto que recebo. Nela, encontrei a luz no fim do túnel que faltava. Com ela, consigo vislumbrar um mar de oportunidades para mim e para as pessoas ao meu redor. Ainda por cima, desenvolvo hábitos saudáveis. A cada dia, abraço meus sonhos e ajudo os membros da minha equipe a também abraçar os seus. Em resumo, Aloha significa a realização de sonhos."

Ao semear a esperança incentivando as pessoas a irem em busca de seus sonhos, você encontrará a melhor forma de retribuição: a gratidão.

Para que os outros acreditem em você, primeiro você precisa acreditar em si mesmo

Marcos Afonso
Indaiatuba – SP

Eu adoro acompanhar o processo de transformação de cada novo membro da rede. Em geral, todos começam modestamente, e seguem crescendo, passo a passo. Às vezes, esse processo é tão rápido que a pessoa se surpreende. Isso foi o que aconteceu com meu amigo Marcos Afonso. Após entrar para a rede, ele logo se qualificou como Pleno, em menos de um mês, saltou para Esmeralda e de repente já se tornou um Diamante Fundador. Antes da Aloha, ele era inspetor de uma escola pública em Itatiba, interior de São Paulo, onde ganhava um salário mínimo, até o dia em que ele se questionou: "Será que com esse dinheirinho que ganho vou conseguir realizar meus sonhos?".

Agora, deixo que Marcos Afonso continue. Sua trajetória é uma lição.

"Olhava para mim, para minha esposa e me inquietava: mesmo com a ajuda financeira da minha esposa, formada em Pedagogia, eu percebia que o que ganhávamos não era suficiente para cursar uma faculdade, um de meus sonhos. Certo dia, descobri o marketing de relacionamento. Sai do zero, e após doze anos, alcancei meu primeiro milhão. Em 2014, investi 250 mil reais na abertura de uma escola Wizard.

Três anos mais tarde, através de meu amigo Bruno Lima, também franqueado Wizard, descobri a Aloha. Já conhecia a família Martins através do grupo Sforza, empreendedores focados no crescimento de seus negócios. Com minha experiência, deduzi – e estava certíssimo – que, se seguisse o exemplo das demais empresas do grupo, a médio prazo, a Aloha seria líder de mercado no segmento. Abandonei minha antiga empresa e abracei a Aloha.

No final de 2017, foi lançado o desafio 'Diamante Fundador'. Cada noite – e muitas vezes durante o dia – eu me enxergava sendo convocado ao palco para receber essa premiação. Tínhamos um ano para alcançar a meta, mas eu resolvi antecipar o resultado para o mês de junho. Em março, já estava qualificado como Pleno. No mês seguinte, de Pleno, fui direto para Esmeralda. Mas não pense que foi uma conquista fácil, de modo algum. Naqueles meses, eu ligava para um, para outro, apresentava o negócio, realizava treinamentos presenciais ou on-line, e, no último dia do mês, a menos de dez minutos para a meia-noite, atingi minha qualificação de Esmeralda. Depois, conforme tantas vezes eu tinha visualizado, sonhado, almejado durante noites de ambição, em maio de 2018, subi ao palco da convenção nacional para receber a qualificação de Diamante Fundador Aloha.

O que mais me motiva a fazer Aloha é saber que não é preciso investir cem, duzentos ou trezentos mil para abrir um negócio. Com um valor inicial mínimo, qualquer pessoa com o espírito empreendedor pode lucrar muito, a médio e a longo prazo. Depois de entrar para o negócio, o importante é desenvolver sua rede de distribuidores. Para reunir uma rede sólida, é necessário saber quais são os sonhos das pessoas: o que elas desejam, almejam, o que elas pretendem alcançar? A partir de então, você deve ajudar cada membro de sua rede a realizar seus sonhos. Quando damos às pessoas o que elas querem, elas também nos ajudam a alcançar o que mais queremos.

Gostaria de deixar uma mensagem para você, leitor, que lê este livro. Se eu cheguei até aqui sendo um funcionário público, que ganhava um salário mínimo por mês, se fiz meu primeiro milhão através do marketing de relacionamento, se consegui chegar ao nível Diamante Aloha, você também pode conseguir. Para que os outros acreditem em você, primeiro você precisa acreditar em si mesmo."

A estabilidade de um emprego fixo pode lhe roubar a oportunidade de descobrir seu talento empreendedor.

Você pode se sentir exausta, acabada, arrasada; só não pode desanimar

Priscila Lima e Fábio Souza

Governador Valadares – MG

Estimado leitor, você não consegue imaginar minha satisfação ao escrever a história de superação desses amigos queridos. Que belas lições de vida, realizações, superações e lutas contamos até aqui. Quando converso com os líderes da Aloha, percebo que minha vida cumpre um sentido maior: de doação e entrega. Percebo como é possível transformar as pessoas, levanto o astral delas.

A história de Priscila Lima, como a de todos aqui, poderiam compor um livro inteiro, se investigássemos cada detalhe de suas existências. A partir de agora, leia as batalhas dessa mulher, suas culpas existenciais, seus dramas de mãe e esposa. Se maravilhe com sua ascensão.

"Sou formada em Pedagogia e pós-graduada em Gestão de Negócios em Contexto Empreendedor, na área de Administração, pela Universidade Federal de São João Del Rey, Minas Gerais. Venho de uma família simples. Trabalhei muitos anos até conseguir construir uma casa pelo programa Minha Casa Minha Vida. Antes de realizar meu sonho, da casa própria, resolvi vendê-la em troca de um sonho maior: eu queria muito empreender e me associei a uma escola Wizard. Na época, engravidei do meu segundo filho, quando o mais velho já tinha seis anos, e eu nutria um grande sentimento de culpa por não ser uma mãe presente. Por conta de todas as minhas obrigações de estudo e trabalho, meu primeiro filho entrou na creche ainda aos seis meses de idade, o que me atormentava, mas eu não tinha escolha. Infelizmente, não o vi crescer.

Por isso, após o nascimento de meu segundo filho, resolvi vender minha parte na Wizard e começar a buscar um trabalho que pudesse fazer em casa. Investi o dinheiro da escola em um negócio que não deu certo e perdi quase tudo. Só não perdi a esperança. Tudo o que me aconteceu me deixou muito abalada e com um sentimento profundo de fracasso. Para agravar nossa crise financeira, meu marido foi diagnosticado com um problema de saúde gravíssimo: esclerose múltipla. Ele não se adaptava aos medicamentos fornecidos pelo SUS [Sistema Único de Saúde]. Sentia muitas dores e estava decidido a abandonar o tratamento. Não tínhamos condições de pagar uma medicação alternativa, que à época custava cerca de oito mil reais por mês.

Foi nesse momento superdelicado e conturbado que conheci a Aloha. Um raio de luz e esperança em minha vida. De imediato, peguei o cartão de crédito de minha mãe e comprei os primeiros produtos. Eu conhecia a idoneidade de Carlos Wizard e o admirava demais, ele era um ícone para mim. Por isso, decidi entrar de cabeça no negócio, me apaixonei pela empresa, e abracei a missão e os produtos fantásticos. A Aloha oferecia o modelo de negócios de meus sonhos, eu poderia empreender e acompanhar meus filhos e meu marido.

No início, tudo foi novo, difícil, extremamente desafiador. Precisei mudar muito minha mentalidade, me enxergar capaz e merecedora de receber todas as qualificações que o programa oferecia – em especial, a qualificação de Diamante. Decidi que faria tudo para chegar lá. Queria influenciar positivamente mulheres que estivessem enfrentando desafios semelhantes. Almejava ajudá-las a ter mais esperança e alegria. Para isso, primeiro eu precisava conseguir, para depois provar aos outros que era possível. Eu tinha uma máxima, um mantra que me fazia avançar: eu poderia me sentir cansada, acabada, arrasada. Poderia chorar. Só não poderia desanimar e desistir!

Li vários livros e ouvi audiolivros. Eu fazia a comida, arrumava a casa, dormia com o celular no bolso e o fone no ouvido escutando textos motivacionais.

Meu irmão Bruno Lima me dava choques de motivação o tempo inteiro, sempre me encorajando. Foi ele quem me apresentou o mundo fantástico da Aloha, me desenhou o básico, abriu o quadro dos sonhos, me ajudou a fazer uma lista de nomes de pessoas conhecidas. Foram muitas e muitas APNs, acompanhamentos, mais APNs e muito treinamento para a minha equipe, a cada semana.

Vocês nem imaginam quantos desafios enfrentei até atingir a qualificação de Diamante. A limitação que minha própria mente me impunha foi um deles, como disse anteriormente. Precisei me convencer de que eu merecia o sucesso. Para me auxiliar, escolhi a música que eu gostaria que tocasse quando eu subisse ao palco para ser reconhecida. Sempre que precisava de motivação, eu ouvia aquela música. Ouvi, várias e várias vezes, centenas até. Foi desafiador vencer o cansaço resultante das tentativas de conciliar, com sabedoria, as tarefas domésticas, os filhos, o marido, os estudos diários, a falta de grana e os problemas pessoais que enfrentava na época.

Por outro lado, tudo foi tão compensador! Descobri que sou mais forte do que sempre imaginei. Descobri ainda que a força de uma mulher pode ser expressa em sua capacidade de amar, de cuidar do outro, de se doar a uma causa maior! Vejo a Aloha como uma resposta às minhas orações e um presente de Deus em minha vida! Esse projeto é a esperança de uma vida melhor para mim, minha família e para todos aqueles que desejam ter um futuro melhor."

Projetar o futuro agindo no presente é o ingrediente diferenciado de todo líder.

Um ambiente amigável para fazer negócios

Carlos Felipe Ferreira e Lívia Ribeiro Ferreira
Itatiba – SP

Este casal pode ser definido como uma aliança *master mind*. Os dois apresentavam os genes do empreendedorismo desde criança, alimentados pelos pais e avós. Lívia conhecia o mundo e era ligada à cultura. O que parecia um namoro entre adolescentes atravessou os anos, terminou em um casamento sólido, alimentado pela fé – também na Aloha.

"Nasci e cresci em um ambiente empreendedor. Fui influenciado por meus pais e avós, proprietários de pequenos comércios. Assisti meu pai Donizete Ferreira começar a empreender no porão de casa, onde ele mantinha um pequeno escritório de contabilidade. Hoje, tenho certeza de que minha mentalidade empreendedora foi moldada ainda na infância. Meus avós maternos, Ordália e Benedito eram o que hoje se chama de 'ponto fora da curva'. Ainda criança, eles costumavam me presentear com leitura de "gente grande": aos sete anos, eu li livros como *O homem mais rico da Babilônia*, de George Samuel Clason, e o clássico *Como fazer amigos e influenciar pessoas*, de Dale Carnegie.

Minha vida seguiu. Jamais esqueço de meu primeiro contato com uma autoridade do estado, aos dez anos de idade, o então governador de São Paulo Mário Covas. Fiquei completamente fascinado durante o encontro, deslumbrado com a reverência que todos faziam a ele. À época, eu fazia parte de uma organização gremista escolar e fui levado a uma sala VIP, como representante da equipe. Eu estava me sentindo mais importante que o próprio governador.

Entre os doze e os quatorze anos, durante as férias escolares, eu era responsável pelo recebimento de mercadorias, pedidos e atendimento ao cliente do pequeno armazém que meus outros dois avós, Pedro e Margarida, possuíam na cidade de Americana, interior de São Paulo. Para mim, tudo isso era uma grande diversão; no entanto, anos mais tarde, soube que estava sendo treinado para a vida real, para sobreviver. Meu avô Pedro sempre dizia e repetia que saber vender era a segurança que ele tinha, assim, não dependia de um salário para definir o valor de sua hora de trabalho.

Ao final do Ensino Médio, conheci uma jovem que mudou meu mundo: Lívia. O impacto desse relacionamento em minha vida foi enorme. Eu tinha uma programação mental voltada apenas aos negócios, não conseguia me desligar. Lívia era mais abrangente, ligada à cultura, conhecia o mundo. O namoro não foi apenas paixão de adolescência. Com Lívia, eu havia encontrado o que Napoleon Hill descreve como uma aliança *master mind*: éramos, portanto, parceiros em todas as áreas da vida. Eu sabia que havia encontrado a mulher de minha vida, aquela que me apoiaria em todos os meus projetos, situações e batalhas.

Não há como não admitir que a trajetória de meu sucesso está atrelada à trajetória de Lívia. Em 2007, ela começou a empreender dentro de uma academia onde era aluna. Ela e sua mãe visualizaram uma oportunidade de atender um público exigente, que gostava de novidades. A partir daí, montaram uma pequena revenda de roupas *fitness* e o negócio prosperou. Lívia ingressou no curso de Design de Moda na Faculdade Anhembi Morumbi em São Paulo. Algum tempo depois, nasceu a loja Lis, em Itatiba, interior da cidade. Em 2012, ela fez um curso de Desenvolvimento e *Styling* de Moda na Saint Martin's University, em Londres, uma das melhores do mundo no segmento.

Quanto à minha trajetória, aos dezoito anos ingressei como atendente no banco HSBC. Confesso que não era o funcionário mais organizado da empresa, mas em vendas, eu era campeão. Era o que eu gostava de fazer, o que eu sentia prazer em fazer. A habilidade como vendedor me fez crescer e, aos 21 anos, me tornei gerente de novos negócios do banco no Brasil. Os anos se passaram e eu me inscrevi no curso 'Do Zero ao Milhão', ministrado por Carlos Wizard. Foi aí que aconteceu uma grande transformação em minha vida. A fé desse líder e mentor me chamava atenção, me inspirava. Dois anos depois, procurei Wizard pessoalmente, e após um período de preparação fui batizado na Igreja de Jesus Cristo dos Santos dos Últimos Dias. Nesta altura, meu namoro com Lívia já durava dez anos. Com o apoio de Carlos marcamos a data para subir ao altar.

Hoje, estamos na Aloha, um ambiente amigável para se fazer negócio, para aumentar nossa capacidade de liderança e organizar uma plataforma de desenvolvimento pessoal e profissional. Devido à nossa prévia experiência como empreendedores, confessamos que nosso maior desafio na Aloha foi ter a humildade de começar do zero. Tivemos que aprender como vencer nesse novo segmento. Exemplo disso foi o fato de que, após ingressarmos na rede, levamos quase um ano para estruturarmos nossa lista de contatos. Aprendemos que esse é um mercado promissor, mas que tem suas regras próprias, que jamais devem ser negligenciadas. A fórmula é simples. Quando fazemos o negócio de maneira correta, utilizamos os produtos, participamos de todos os eventos e passamos a seguir o que nos é ensinado. Assim, alcançamos o sucesso."

Ao experimentar a constância nos resultados, você consegue desfrutar o sabor de estar no caminho certo.

Nunca me senti tão valorizada e querida

Selma Torres Fabbri
São Caetano do Sul – SP

Todo ser humano possui a necessidade de amar e de ser amado. Ansiamos, no fundo da alma, por sermos reconhecidos e valorizados. Por outro lado, muitas vezes fazemos mais esforço para evitar o sofrimento e a angústia do que nos empenhamos na busca do sucesso, da realização e da satisfação pessoal. Talvez tenha sido isso o que aconteceu com Selma, quando ela, em um primeiro momento, recusou o convite de sua amiga para ir a Campinas.

"Tempos atrás, uma amiga me disse:
– Venha comigo para Campinas. Lá, vou te mostrar uma nova empesa de marketing de rede.
– Obrigada, mas não tenho interesse. Já fiz parte de uma, só tive decepções e contratempos, não quero mais saber desse assunto.
– Sei disso, mas venha, e depois me diga. Você vai se surpreender.
– Se for para fazer companhia, eu vou. Mas não espere nada mais do que isso.
– Não vou te falar mais nada sobre essa empresa. Só quero que venha conhecer comigo. No mínimo, posso garantir que será um passeio muito agradável.

No final, acabei indo. Sou dona de uma escola de idiomas há 25 anos, e já fiz parte de uma empresa de marketing de rede. Porém, tive a maior desilusão e prometi a mim mesma que nunca mais. Fui até Campinas naquele dia, mas fui com o pé atrás, apenas para agradar minha amiga. Assim, cheguei à sede da tal empresa.

Hoje, posso afirmar que conhecer a Aloha foi amor à primeira vista. Me considero uma pessoa meio 'natureba', faço uso da homeopatia para tudo, por isso, os óleos essenciais me cativaram logo de início. Ainda que contrariando totalmente minhas expectativas, entrei para a Aloha e logo comecei a progredir nas qualificações. Admito que os resultados não vieram por acaso. Eles foram fruto de muito trabalho, planejamento, estratégia e esforço em equipe. A viagem regional para um *resort* no interior do estado de São Paulo me deu a adrenalina que faltava para prosseguir. Parece que quando estamos com ânimo total, logo chegam os obstáculos. E foi o que me aconteceu.

Naquele momento, a ajudante que cuida da minha casa precisou fazer uma cirurgia nos olhos e tirou uma licença de trinta dias. Em seguida, minha gatinha adoeceu. A cada três dias, eu precisava levá-la ao veterinário. Como se fosse pouco, minha filha estava na última fase da formatura, o TCC, e dependia de minha ajuda. Passei a ter jornada dupla de trabalho: na escola e na Aloha. Todos os dias, olhava a meta que coloquei no espelho do banheiro: 'Sou Diamante Fundador Aloha!'.

Quando cheguei à reta final, próxima de atingir minha meta, o inesperado aconteceu. Uma pessoa de minha equipe me chamou para uma reunião emergencial.

– Selma, te quero muito bem, mas vim te comunicar que vou sair!

– Como assim sair?

– É isso mesmo. Vou sair do negócio.

Essa notícia me chocou, desmoronei. Tentei reverter a situação, não consegui. Comecei a chorar. Já estava cansada, estressada demais. Chorei, chorei demais, até minhas lágrimas secarem. Aflito, meu marido tentava me consolar, inutilmente:

– Calma, Selma. Se não der certo agora, tudo bem.

– Não, não é assim como você diz, 'se não der, tudo bem'. Trabalhei muito, dei tudo de mim; nós dois fizemos de tudo. Essa objetivo é um comprometimento com todos da equipe.

Enfim, passei uma noite sem dormir, em claro. No dia seguinte, liguei para o meu líder, porque eu estava totalmente derrubada, queria largar tudo. Em um áudio, ele tentou me acalmar, levantar o meu astral. Após ouvir o áudio repetidas vezes, pensei que não poderia desistir agora. Não era hora de deixar que o fracasso dos outros impedisse o meu sucesso. Hoje, agradeço a todas as pessoas que me apoiaram naquele momento de fragilidade. Primeiro, agradeço ao meu líder, segundo, à minha equipe maravilhosa, e em terceiro, ao meu marido, pela paciência infinita. Passei um mês em um estado terrível de nervos. Qualquer pessoa que tocasse em mim sentia saírem faíscas de meu corpo. Nessas horas, sabemos em quem descarregamos sempre: no marido, é claro.

Enfim, também não poderia deixar de reconhecer a motivação que recebo cada vez que me encontro com Thais e Priscila. São mulheres excepcionais, que nos tratam com humildade. A generosidade e a paciência das filhas de Carlos Wizard me admiram. Algo que me deixou muito feliz foi o fato de que consegui me tornar Diamante no mês em que completei cinquenta anos. Para mim, essa conquista foi um símbolo de superação pessoal. Enquanto algumas pessoas com essa idade sonham com a aposentadoria, eu comemoro novas vitórias. Termino este relato com uma confissão: nunca me senti tão valorizada e querida numa empresa, como me sinto na Aloha."

A sintonia entre o propósito de vida do empreendedor e o propósito do negócio é a maior evidência de que essa relação será ganha-ganha

Não há vitória sem renúncia

Walquiria Jansen
Campinas – SP

Ao ouvir, preparar e redigir cada história apresentada aqui, pensei, muitas vezes, que este livro poderia ter sido escrito de forma que cada página abrisse com um título referente a aspectos comerciais: treinamento, expansão, comunicação, fidelização e estratégia. Mas, se organizasse assim, as páginas não teriam alma, e esta publicação seria apenas um manual de referência. O que dá valor e sentido ao Diamante que há em você, é acompanhar a emoção e alguns dos conceitos de vida de pessoas que se superaram. Confesso que me emocionei muito ao saber da renúncia da amiga Walquiria em busca de realização.

"Professora de inglês, há quinze anos deixei São Luís do Maranhão para estudar Moda em Campinas, onde me graduei em Design e fiz pós-graduação em *Styling* de Moda. Sempre gostei de dar aulas de inglês e fazer serviços extra como estilista e *personal stylist*. Como todo mundo, sempre sonhei em avançar economicamente, reunir uma reserva para um futuro tranquilo. Um dia, voltando das férias em São Luís, na livraria do aeroporto, um livro sobre a "mente milionária" me chamou atenção. Pensei que era algo leve para se ler em uma viagem, então o comprei. Acontece que o livro era muito mais do que um mero divertimento superficial; de vez em quando, eu me pegava pensando nele. De volta à Campinas, retomei minha rotina de aulas de inglês, mas dentro de mim havia algo que parecia se mover internamente, me instigando.

Bem, acho que Deus me ama demais, pois Ele sempre coloca pessoas especiais em minha vida. Uma dessas pessoas é minha amiga chinesa Nicole. Àquela altura, eu me questionava o tempo inteiro sobre meu futuro. Eu pensava, pensava e pensava: 'O que fazer para aumentar meus ganhos? Como alcançar a independência financeira?'. Essas questões me inquietavam bastante. Não fazia sentido vir de tão longe em busca de meus sonhos e me sentir tão perdida, uma semente num campo de centeio, um grão de areia no deserto. Minha fé me deu coragem para pedir a Deus que me mostrasse o caminho, me trouxesse uma resposta, embora eu mesma não soubesse exatamente o quê. Foi então que aconteceu.

No dia do meu aniversário, recebi um presente muito valioso de Nicole: Carlos Wizard havia me enviado seu livro *Sonhos não têm limites*, autografado, com uma dedicatória muito linda. Fiquei encantada, comecei a leitura no mesmo dia. Esse livro mudou todas as minhas perspectivas de vida e me deu inspiração para buscar algo maior! Diversas vezes ouvi dizer que quando se deseja algo intensamente, o universo conspira a seu favor. Percebi que isso é verdade, pois, mais tarde, Nicole me convidou para fazer parte da Aloha. Na mesma hora, eu aceitei, disse sim.

Hoje, me alegro e me orgulho de mim mesma por ter alcançado a qualificação de Diamante Fundadora. Não pense que foi fácil. Não há vitória sem renúncia, paguei um preço alto por essa conquista. Enquanto muitos só pensam em descanso no final do ano, trabalhei o mês de dezembro inteiro, dormia tarde e acordava cedo. Nos últimos quinze anos, desde que cheguei em Campinas, viajo até São Luís para passar o Natal com minha família. Dessa vez, não voltei para casa. Fui assistir à missa de Natal sozinha e agradeci a Deus, sabia que Ele estava comigo. Depois da missa, voltei ao meu apartamento e minha afilhada Larissa, que mora em São Luís, me ligou via FaceTime. Ela posicionou o aparelho celular de maneira que eu pudesse ver todos à mesa durante a ceia. Assim, passei o Natal conversando com minha família por vídeo. No *réveillon*, resolvi descansar. No segundo dia do ciclo, mal o ano havia começado, me qualifiquei como Diamante

Fundadora Aloha. Sempre agradeço a Deus, pois desde que entrei para a rede, tenho conhecido pessoas fantásticas, aprendido muito e me desenvolvido pessoal e profissionalmente."

Sorrir e ser positivo são reflexos da personalidade de alguém que já decidiu ser vencedor.

No começo eu não sabia nada

Pedro Henrique de Oliveira Sales
Cuiabá – MT

Muitos pensam que é preciso prévia experiência, dinheiro ou *status* para vencer no universo do marketing de relacionamento. Porém, a história deste nosso próximo líder mostra que basta ter boa vontade, dedicação, compreender as regras, seguir as normas e, principalmente, se apaixonar pelo que se faz. Seu depoimento é um exemplo de motivação para muitos, inclusive para mim.

"Foi minha vizinha quem me chamou atenção:
– Pedro, sei que você anda precisando de um dinheirinho extra. Aqui está uma chance.
– O que é?
– Produtos naturais Aloha.
– E o que eles têm de bom?
– São produtos sem parabenos.
– E o que são parabenos?
– Algo que faz mal às pessoas.
– E essa Aloha?
– É uma empresa de marketing de rede, relacionamento, multinível, venda direta. Está fazendo muito sucesso, você vai descolar uma grana legal.
– Não estou entendendo muito, mas quem está por trás disso?
– Não sabe? O Carlos Wizard.
– Esse eu sei quem é: um cara que entende de negócios e não mete a mão em cumbuca. Acha que posso mesmo conseguir uma graninha com esse negócio de vendas diretas?

— Vai nessa. Pode confiar em mim.

— Eu confio em você. Sei que não vou entrar em fria. Claro, ponha aí, vou entrar nesse trem. Depois você me explica esses tais parabenos.

— Pedro, o.k., te explico. Além do mais, para começar, vou te dar um óleo *peppermint*.

Meus amigos, ao usar esse óleo, me encantei. Legal demais! Realmente eu não conhecia nada igual e aquilo me pegou de jeito. E olhe que sou duro na queda, ninguém me pega fácil, não. Pensei: 'Esse produto vai vender como água e eu vou levar alegria para as pessoas'. Até aquele momento, eu nem imaginava a existência de tantos químicos nocivos à saúde, como os sulfatos e os petrolatos, presentes nos produtos que o pessoal compra por aí, sem saber o mal que fazem.

Desde que entrei na Aloha, no início de 2018, comecei a usar e a vender os produtos. Gostei muito do xampu. Foi sucesso absoluto: adorei o cheiro, meu cabelo ficou com mais brilho e maciez. Comecei a vender muito, mas ainda não me interessava pela expansão da rede. Na verdade, nem acreditava que aquele era meu caminho. No marketing multinível me ensinaram a dar um passo de cada vez: você divulga, as pessoas se interessam, acabam comprando um produto aqui, outro ali.

No começo eu não sabia nada mesmo, nada de nada. Meu raciocínio era: eu teria mais lucro, se apenas vendesse. Então, eu pensava: 'Por que se preocupar em me cadastrar, se vou ter menos lucro?'. Com o tempo, a ficha caiu. Descobri o significado de uma palavrinha difícil, meio complicada, a tal 'exponencialidade'.

Quando consegui imaginar a duplicação do negócio, (e da minha grana, boa grana, não mais 'graninha') fiquei maravilhado e decidi fazer a rede crescer. Em maio de 2018, fui à convenção nacional e conheci Carlos Wizard. Aproveitei para tirar uma foto com ele no restaurante Coco Bambu. Depois da convenção, saí energizado – outra palavra que aprendi. 'Agora vou fazer esse trem acontecer!' Assim como uma planta cresce sem você perceber, o sucesso também aparece de repente. Você planta a semente na terra e não colhe os frutos logo de cara. É preciso esperar, regar, tomar conta da plantinha. Como as sementes, algumas pessoas também podem dar muitos frutos, outras mais ou menos. Outras, morrem logo. E é assim que acontece a mágica da expansão da rede.

Mas tem uma coisa importante. Ouça bem, preste atenção, e coloque isso na cabeça: o maior desafio é enfrentar o não. Recebi e recebo muitos 'nãos'. Não fico chateado com a rejeição, nada disso, não pense que sou assim. Temos de encarar de frente a pessoa que nega, não compra seu produto, faz pouco de você – essa é a maior trava na nossa cabeça. E tem mais. No começo, por falta de experiência e confiança em mim mesmo, eu sentia vergonha e pensava: 'Vou apresentar o plano e o que as pessoas vão achar? O que elas vão dizer? Vão rir na minha cara?'. Agora, vou filosofar.. Sabe o que é filosofia, não sabe? Filosofia foi outra coisa que aprendi com meus colegas da Aloha. Sabe o que é sucesso? É fazer o que precisa ser feito sem se preocupar com a opinião alheia, na verdade, se lixar para ela.

Hoje, depois de uma experiência de um ano, sou humilde, ainda tenho muito a aprender. Não sou convencido, não 'me acho', como dizem por aí. Mesmo assim, invisto forte na minha formação e de minha equipe. Cada um é responsável por fazer acontecer. Sou sincero e falo para minha rede que entramos para a Aloha para ganhar dinheiro. Mas nela, ganhamos mais do que dinheiro. Ganhamos crescimento, relacionamento, maturidade e tudo isso ajuda a ser um líder melhor. Posso dizer que nunca me senti tão realizado na vida.

Bem, para mim tudo isso é uma coisa incrível. Na Aloha fiz amigos e criei uma nova família. A rede está cheia de gente bacana, gente fina mesmo. E essa chance de conhecer pessoas me entusiasma muito. Todos os dias eu aprendo, me educo, me divirto.

Sempre sonhei em conhecer muita gente. Agora, realizo esse sonho, convivo com pessoas maravilhosas, gente do bem, cheias de planos e de sonhos. Até aprendi a falar melhor. Antes, meu maior medo era falar em público. Agora, já dei até treinamento em auditório. Sou feliz por meu progresso pessoal, profissional, e ainda ganho dinheiro com tudo isso. Quer coisa melhor? Viva bem. Viva Aloha."

A degustação de um produto é muito eficaz quando os produtos têm algum tipo de diferencial. Pelo contato com o produto, as pessoas têm uma experiência com a empresa e isso aumentará suas vendas.

Quando o não é uma recusa ao próprio sucesso

Welington Fernandes e Laiane Albuquerque Fernandes
Guarulhos – SP

Cada um tem uma formação, um modo de pensar, uma maneira de conduzir a vida. A diversidade da natureza humana é fantástica. Aprendo – e repasso a você, leitor – com a experiência de cada um. Você vai conhecer agora a história de Laiane e Wellington, um casal fantástico. O que desejo para este livro é que você, a cada página, a cada relato, entre em contato com esses líderes inspiradores, recolha de cada um ainda que um pequeno grão, uma pequena semente. Quando você se der conta, desejo que tenha reunido um estoque repleto de ensinamentos de vida.

Esta história é contada por Welington.

"Casados, eu e Laiane sempre fomos admiradores de grandes ícones empresariais. De Carlos Wizard, por exemplo, lemos todos os livros e assistimos às palestras e entrevistas disponíveis na internet. Quando inaugurou a Aloha, percebemos que os valores ligados à família e à confiança em Deus de Wizard correspondiam aos nossos próprios valores. No início, aprendemos o conceito de criar um mural de sonhos. E sabe qual foi uma das imagens que colocamos no quadro? A capa do livro dos Diamantes Fundadores Aloha. Todos os dias, visualizávamos aquela meta, representada pela imagem no mural, e já nos sentíamos parte do livro. Essa simples ação nos deu a força necessária para agir em busca de nosso objetivo. Mesmo assim, às vezes, voltávamos para casa desanimados, com uma bagagem cheia de "nãos" daqueles que recusavam a adesão aos nossos planos.

Sou do interior de Porto Firme, zona da mata mineira. Venho de família humilde. Fui vendedor de picolé e servente de pedreiro. Há quatorze anos, passei em um concurso público. Hoje, sou auditor fiscal da Receita Federal. Nós moramos em Guarulhos, mas eu trabalho em São Paulo.

Um dia, Laiane, que tem grande sensibilidade, chegou em casa com o rosto iluminado e me disse: 'Sabe o que aprendi hoje? O maior aprendizado que tive nesse negócio foi entender que quando uma pessoa diz 'não', ela não está dizendo 'não' para mim, mas para ela mesma. Ao dizer 'não', ela nega seu crescimento e desenvolvimento profissional.' É triste ver pessoas fecharem as portas para seu próprio sucesso, por não estarem prontas para receber o sucesso. Com essa percepção em mente, é possível progredir com uma rapidez espantosa.

Na Aloha, o que mais admiramos é a possibilidade de alguém que quer fazer parte da rede não precisar investir milhões para ter seu negócio. Com apenas mil ou dois mil reais, uma vez na rede, ela passa a ter uma renda. Além disso, a empresa oferece tamanha flexibilidade, sendo possível conciliar com qualquer trabalho convencional, permitindo uma transição organizada e tranquila. E é claro, sem contar o privilégio que é estar ao lado de Carlos Wizard, empresário experiente, bem-sucedido, de grande simplicidade. Ele nos transmite confiança, conhecimento e inspiração."

No caminho do sucesso, tenha uma certeza: você ouvirá muitos "nãos". Não são todas as pessoas que veem, em um horizonte amplo e livre, oportunidades.

Organização, disciplina e trabalho

Claidete Dornelles Astolfi Tavares
Maringá – PR

A cada depoimento, considero este livro ainda mais fascinante. Ele define o espírito – ou a alma – de um líder, homem ou mulher, que se descobre, às vezes ainda durante a adolescência, às vezes após a formatura, após formarem uma família ou, ainda, quando consideram se aposentar ou empreender. Cada história revela a filosofia e a linha de pensamento em comum àqueles em busca de realização pessoal e transformação de vida. São pessoas de vários estados, de diferentes classes sociais; gente que em determinado momento se viu desesperada e encontrou uma saída; gente que investia em outras empresas, mas preferiu vir para a Aloha. Quando contemplo esse conjunto de histórias, vejo uma quantidade enorme de Diamantes. Esses Diamantes foram encontrados dentro de cada líder; dentro de cada um que, subitamente, descobriu sua alma empreendedora; pessoas que não sabiam para onde ir e foram iluminadas por uma inspiração.

A fala de Claidete, curta, mas direta, sintetiza sua batalha e é exemplo do que significa Aloha. Vamos a ela.

"Sou viúva e mãe de dois filhos. Meu esposo Marcos Astolfi Tavares faleceu em junho de 2017, vítima de câncer. Perdida, fui salva por uma grande amiga de Santa Catarina, que me trouxe os produtos Aloha, pelos quais logo me apaixonei. Achei aquela uma proposta excelente: seria mais fácil trabalhar com produtos de qualidade. Então, num gesto audacioso – que, inclusive, jamais imaginei que pudesse dar – larguei minha carreira em outra empresa de marketing de relacionamento, onde eu era diretora. Lá, os horários eram complicados de serem cumpridos, eu devia estar cem por cento disponível, agendar reuniões depois do fim do expediente, perder finais de semana, enfim, as contingências normais. Além disso, eu também acabara de descobrir que eu era apenas mais um número. Mas como ficaria, após a perda de meu marido, minha rotina como mãe e pai de família, tendo dois filhos?

Agora, tudo mudou. Não entrei na Aloha para brincadeiras. Nela, faço meus horários, distribuo minha dedicação entre trabalho e vida pessoal. Organização foi fundamental para alcançar a qualificação de Diamante. Meu marido, que sempre me incentivou, hoje estaria orgulhoso de mim. Outros aspectos que me motivam são o reconhecimento da empresa com o meu trabalho e comigo, e a motivação para alcançar meus objetivos que recebo das lideranças com quem convivo. A melhor parte é saber que todos têm a mesma oportunidade de sucesso e a mesma possibilidade de chegar onde desejam chegar. Para isso, basta ter atitude, disciplina e trabalhar duro. Minha gratidão à Aloha por transformar minha vida."

Ter foco no resultado significa conseguir canalizar suas energias não só para aquilo que lhe dá prazer, mas para aquilo que precisa ser feito, independentemente de ser prazeroso.

O seu sucesso é o meu sucesso

Kauê Lopes
Campinas – SP

O depoimento de Kauê Lopes me leva a pensar em certos enigmas que a vida nos propõe. A capacidade de nossas vidas de criar determinadas situações me deixa perplexo. Há tempos, o homem discute a questão dos acasos ou coincidências. Em determinada linha teórica, não se acredita nem em um, nem no outro. Existe uma determinação da vida em criar e unir pontos – ou pontas, como quiserem.

Ao ler a seguinte história, assim como eu, você vai se questionar sobre muitos desses acasos e coincidências. Mas, não nos antecipemos, e deixemos a narração com Kauê:

"Trabalhei dos dezoito aos 26 anos na IBM. Considero ela uma grande empresa. Eu estava satisfeito por atuar na área tecnológica, mas uma coisa me remoía, cutucava o meu ser. Sentia que algo faltava, mas o quê? Um dia, percebi. Não me sentia feliz pois meu trabalho não estava alinhado com meu propósito maior: auxiliar pessoas. Quando completei 22 anos, entrei de cabeça nos estudos sobre autoconhecimento e desenvolvimento humano. Foram dois anos de pesquisa intensos. Na época, meu pai foi diagnosticado com câncer e logo faleceu. Durante o período do tratamento, mergulhei em várias terapias. Após sua morte comecei a atender pessoas que buscavam desenvolvimento pessoal. Quando me dei conta, estava fazendo atendimento de manhã, à tarde e à noite.

Motivado por esses resultados, em maio de 2018, me desliguei da IBM para me dedicar exclusivamente ao atendimento de meus clientes.

O que eu não sabia, era que meu último dia na empresa teria um impacto que alterou todo o meu destino. Com a minha saída, eu perderia o benefício do plano médico. Por isso, resolvi fazer meus exames de rotina. Foi aí que tudo começou. Por hábito, eu costumava ir a determinado laboratório, mas minha médica sugeriu que eu fosse ao Fleury. Concordei, sem saber ao certo o porquê. Na sala de espera, observei uma jovem chinesa que fazia um treinamento on-line, usando fones de ouvido. Percebi que ela falava muito sobre multinível e marketing digital, o que me chamou atenção. 'O que era aquilo? De que se tratava?' Naquele instante, minha intuição falou mais alto, fui até ela, conversamos brevemente, anotei meu contato e lhe entreguei.

Assim, descobri a Aloha, sem jamais ter feito marketing de rede. Entrei sem saber nada, motivado apenas pela intuição. Mesmo assim, após 111 dias, atingi a qualificação de Diamante. Imaginem minha emoção quando Carlos Wizard me parabenizou, em uma ligação pessoal, por ter quebrado um recorde na empresa.

Como novo empreendedor, entendo perfeitamente os vários desafios que enfrento. Ainda assim, não esperamos por alguns contratempos: imprevistos de saúde, financeiros, de tempo, que aparecem subitamente, e modificam nossa rotina. Saber superar e focar no objetivo almejado faz toda diferença. Todos os dias afirmo aos membros de minha equipe: 'O seu sucesso é o meu sucesso'. Por isso não meço esforços para ajudar todos a alcançar o maior grau de sucesso possível. Minha equipe se chama Ohana, que significa família. Êxito, em todos os sentidos, é o que desejo a todos os membros da minha família.

Diversas vezes, tive a experiência de ver pessoas chorarem, bem à minha frente, durante uma apresentação da Aloha. Lágrimas de gratidão e felicidade pela oportunidade. Com esse projeto, pretendo permitir mais conforto e comodidade para milhares de pessoas, especialmente para minhas queridas mãe e avó. As duas sempre deram duro para que eu pudesse estudar e conquistar tudo o que tenho hoje. Agora, é chegada a hora de retribuir."

Uma vez conquistadas, as boas oportunidades devem ser compartilhadas. Esse é o segredo para seu negócio ganhar escala.

Se você pode sonhar pode realizar

Ícaro Leonard e Laís Rocha
Salvador – BA

Admiro quem pensa na contramão. A maioria dos grandes líderes caminha em direção oposta à do homem comum. Por essa razão, considero de extrema importância este relato de Ícaro Leonard e Laís Rocha:

"Sou advogado de formação, graduado em Direito pela Universidade Federal da Bahia, com pós-graduação em Direito Tributário na mesma instituição. Desde o princípio, jamais acreditei que para alcançar o caminho do sucesso era preciso arrumar um bom emprego, trabalhar quarenta horas por semana, durante quarenta anos para, depois, me aposentar. Quando imaginava viver essa rotina, eu tremia. Sempre quis realizar meus próprios sonhos, não os sonhos dos outros.

De maneira que, a certa altura e através de alguns amigos, conheci o mundo fantástico do marketing de relacionamento. Agradeço à minha esposa, querida parceira de vida e de negócio, hoje minha parceira na Aloha, pelo constante apoio. Em nossa casa, costumo dizer que havia um casal antes da Aloha, e um novo casal depois. Aprendemos juntos, crescemos juntos, compartilhamos todos os resultados e os momentos incríveis. Hoje, nós temos o mesmo propósito e somos mais felizes, profissional e pessoalmente.

Em Salvador, criamos um movimento. Convidamos muitas pessoas, apresentamos o plano a elas e fazemos os fechamentos com a equipe. Dessa forma, conseguimos atingir rapidamente a qualificação de Diamante Aloha. Costumo dizer que no marketing de relacionamento existe um modelo de trabalho pronto, basta que ele seja cumprido. Ou seja, é só seguirmos os conceitos passados por nossos líderes e duplicá-los com aqueles que convidamos para o negócio. Obedecendo a esse padrão, tudo fica mais fácil. Basta entender que o simples funciona.

Até agora, o maior desafio foi lidar com as desistências. Porém, é preciso entender que certas pessoas desistem de tudo na vida: as pessoas desistem de relacionamentos, de cursos, de academias, de livros; elas desistem de muitas coisas. No entanto, acredito que aqueles que são lembrados são os que persistem e conseguem alcançar suas metas. Durante essa trajetória, fomos obrigados a entender que independentemente de qualquer empecilho, o importante é continuar, já que existem apenas duas maneiras de não ter sucesso nesse negócio: a primeira é não entrando, a segunda é desistindo.

Eu e minha esposa somos motivados pela fé e pelos sonhos que criamos, inspirados pela frase de Walt Disney: 'Se você pode sonhar, você pode realizar.'"

Quando exercitamos nossa visão, criando mentalmente cenários futuros, alargamos nossas fronteiras mentais e somos conduzidos do estágio dos sonhos para o campo da realização.

Minha maior motivação é a família

Igor Viana
Betim – MG

Duas vezes ao ano realizamos uma convenção nacional. Nesses encontros, lançamos sementes que germinam com vigor e favorecem aqueles que fazem parte da rede. Nessas ocasiões, o que mais me impressiona é que os conhecimentos são transmitidos a todos, porém cada um retorna para casa com aquilo que garantirá mais impacto em seu negócio. Este é o exemplo de meu amigo Igor Viana, que antes já atua atuava na área de tecnologia, e cujos resultados, em grande parte, são provenientes do marketing digital.

"Quem não tem vontade de ser financeiramente bem-sucedido, de proporcionar qualidade de vida para a família, fazer viagens quase impossíveis, viver em uma casa de sonho, dirigir um supercarro? Ou vestir as melhores roupas, as grifes mais chiques, ter um daqueles relógios das celebridades, ir aos melhores restaurantes do mundo? Para mim a Aloha significa a possibilidade de esses sonhos se tornarem reais.

Sou analista de tecnologia da informação em uma grande empresa e, paralelo ao meu trabalho, gosto de empreender, principalmente pela internet. Ao longo dos anos me especializei em marketing digital. Porém percebi que para se tornar um milionário nesse setor é necessário investir uma quantia considerável, do contrário, o resultado aparece, mas de forma limitada.

Foi isso que me levou a pesquisar, buscando uma alternativa mais segura e com fonte de renda contínua. Concluí que a Aloha reúne o maior número de elementos para que eu possa chegar ao meu objetivo de independência financeira.

Mesmo estando na melhor empresa de marketing de relacionamento do país, chegar à conquista de Diamante Fundador não foi nada fácil. O resultado não aconteceu automaticamente. Foi preciso pagar o preço. Ou seja, estudo, dedicação, expandir a própria rede e principalmente desenvolver novas habilidades de liderança.

Todavia, o principal elemento para chegar a essa qualificação foi acreditar. A crença no projeto, muito forte, fez com que eu me mantivesse firme e vencesse todos os obstáculos. Meu maior desafio é cumprir jornada dupla de trabalho. Acordo cedo para ir à empresa. Quando chego em casa à noite, é hora de dar atenção à esposa e filhos. O que me auxilia é minha experiência prévia no marketing digital, uma vez que por meio da internet consigo automatizar o máximo possível minhas atividades. Criei uma estrutura bem lubrificada de recrutamento automatizado e uma área de treinamento on-line para acompanhamento e desenvolvimento da equipe.

Há, no entanto, uma questão maior. Quando amigos perguntam qual é minha motivação em fazer Aloha, não vacilo: minha família. Amo minha esposa Ana, meu filho Arthur, minha mãe Sara, meu pai Geraldo e meus irmãos Guilherme, Henrique e Erick. São eles que me levam para a frente e para cima, sempre."

Trabalhar firme hoje, em prol de seus objetivos, para uma vida livre num futuro próximo parece ser mais interessante que trabalhar menos por toda a vida, sem grandes perspectivas de liberdade no futuro.

Felicidade são os laços que criamos a cada dia
Luciana F. Tuche
Niterói – RJ

Ao ler as palavras de Luciana, vocês verão que a Aloha não é um mero negócio, capaz de viabilizar estabilidade financeira, é um projeto que envolve a família, que une as pessoas, algo que fazemos para nós mesmos, para os outros – em especial, para nossos filhos.

"Poucos podem imaginar, mesmo antever, a felicidade de uma mãe como eu, quando vê sua filha estampar um sorriso maior do que o rosto, com os olhos brilhando de orgulho dizer: 'Mamãe é Diamante Fundadora da Aloha'. Isso, para mim, é felicidade, prazer, realização. Significa que, depois de tanta batalha, de altos e baixos, cheguei a um ponto de paz, serenidade e tranquilidade financeira estável, em ascensão.

Comecemos pelo começo, como popularmente se diz. Por três anos atuei como gerente de vendas em uma multinacional no setor de alimentos. Fazia uma viagem atrás da outra – chegava em casa, já saía de novo –, alimentava uma carga de trabalho de sessenta horas semanais. E por mais que tentasse planejar e me organizar, não havia como, a empresa exigia mais e mais. Percebi que estava em uma engrenagem que me levaria à loucura, ao estresse total ou a algo pior. Comecei a sentir os efeitos negativos dessa rotina insana de vida e trabalho. Acrescentem a culpa de quase não ter tempo para ver minha filha Júlia crescer. Eu era uma mãe ausente, ela, uma filha sem mãe.

Em um desses momentos em que buscava coragem para largar tudo e recomeçar a vida profissional de maneira mais humana, a Aloha apareceu em minha vida. De imediato, percebi a diferença. Minha vida passou a ter um significado mais amplo. Aprendi a valorizar minhas habilidades pessoais e profissionais. Voltei a olhar as pessoas de jeito dócil, sem competição.

A cada dia, a Aloha me ensina que saúde é o pilar mais importante do ser humano – sem saúde, de nada adianta, nada acontece. Aprendi que a tão sonhada prosperidade é consequência natural de um bom trabalho, focado em ajudar pessoas a alcançar o seu próprio sucesso. Felicidade, minha gente, não está nas coisas, no que é material, e sim nos laços que criamos todos os dias.

Hoje, meu maior motivo de fazer parte da Aloha é minha filha Júlia. Quero que desfrutemos juntas de todas as viagens, de todo o meu sucesso, e que ela tenha orgulho de sermos, também juntas, Aloha. Júlia ama falar sobre cada produto, cada experiência, cada vitória, cada negócio fechado. Ela me dá um abraço quando consigo um novo membro para a rede e me olha com uma cara de quem nem precisa dizer: 'Você é vitoriosa, mamãe, eu me orgulho de você'.

Digo com toda a sinceridade que não estou nesse mundo para competir com ninguém. Quero competir comigo mesma, ultrapassar meus limites e vencer meus medos para conquistar objetivos mais elevados.

No fundo, todas as pessoas com quem convivo, com quem trabalho, refletem a minha realização pessoal, em seus próprios sonhos, projetos e buscas."

Às vezes a coragem de que precisamos vem de uma mão que se estende para nós e nos chama: "Vem comigo! Estamos juntos nessa jornada!"

O trabalho como fonte de prazer e realização

André Paixão

Aracaju – SE

Costumo afirmar que o sucesso geralmente aparece disfarçado em nossas vidas. Alguns não conseguem identificar a oportunidade de sucesso porque ela vem disfarçada em forma de trabalho. Quem possui sensibilidade maior é capaz de analisar uma oportunidade e transformá-la em fonte de renda. Foi o que aconteceu com este advogado e professor que de repente viu sua vida transformada. Foi curioso ver que quem o motivou foi uma ex-aluna, que posteriormente se transformou em sua professora. Coisas da vida.

"Dizem que a vida começa aos 40. Ao menos, diziam, em tempos que a longevidade era menor. Pois digo que, em meu caso, ela mudou, e muito, depois dos quarenta. Advogado, atuei no magistério superior por mais de dez anos, até o momento em que a profissão, tão nobre, alicerce do cidadão brasileiro, começou a perder prestígio, abandonada pelo poder público. Também fui professor. Certa vez, conheci uma aluna que se dedicava a um segmento desconhecido para mim: o marketing de rede. Ela estava sempre muito empolgada e parecia ter bons resultados com essa atividade. Deixei de dar aulas e me distanciei. Até que em determinado momento, o tal marketing de rede voltou à cabeça e decidi estudá-lo, entender seu funcionamento. Com esse objetivo, procurei minha ex-aluna e descobri que ela havia acabado de entrar para a Aloha. Não levou muito tempo e passei a fazer parte de sua equipe.

De aluna, ela virou minha professora. Ingressei na empresa ainda na fase de lançamento. Participei da primeira convenção – que, aliás, foi na véspera de meu aniversário de quarenta anos, 2 de setembro de 2017. Saí de Aracaju e me mudei para São Paulo. Passei a dividir um quarto de hotel com um grande amigo, que também integra minha equipe (ainda me lembro de seus roncos durante a noite). As palavras sobre visão de futuro, proferidas por nosso presidente Carlos Wizard, ficaram gravadas em minha memória.

Tenho profunda identificação com os pilares promovidos pela Aloha. Sobretudo a preocupação com a saúde, materializada especialmente em seus óleos essenciais e linha nutricional, pois entendo que sem saúde, não é possível dar vida a nossos projetos. Sei que o conceito de felicidade também está representado em sua linha de cosméticos e perfumaria, que nos reporta a um estado de espírito mais solto, alegre, o que auxilia a obtenção de riqueza e prosperidade. Entendo, ainda, que a cultura do empreendedorismo é estimulada quando o empreendedor é orientado a deixar de viver um processo de vitimização, aguardando que o peixe vá até ele, ao invés de pescá-lo. Nesse sentido, a Aloha oferece a oportunidade de alcançar uma vida muito mais próspera, através de seu sistema de remuneração baseado na produtividade e na meritocracia.

Por fim, acredito que a Aloha serve como ponte para que, através das minhas ações, eu tenha uma vida próspera e feliz, desenvolvendo atividades que ao mesmo tempo me dão prazer e me geram riquezas. Assim, os desafios passam a fazer parte do percurso e me fortalecem. O que mais me motiva em fazer Aloha, dentro de uma perspectiva coletiva, é a capacidade de transformação das pessoas e do mundo através do empreendedorismo. Numa perspectiva pessoal, o que mais me motiva é a possibilidade de transformar meus talentos e dons pessoais em riqueza e prosperidade. Assim, o trabalho, para mim, é fonte de prazer, satisfação e realização. Além de proporcionar à minha família melhores condições de educação e conforto."

Se chegamos em alguém importante com quem não tínhamos contato, provavelmente alguém fez essa "ponte" para que chegássemos lá. Assim são os nossos relacionamentos. Quando nos tornamos construtores de "pontes", conectando as pessoas, seguramente subimos um patamar no nível dos nossos relacionamentos.

Um presente de aniversário
Milena dos Santos de Oliveira e Marcelo Lefigarroo
Curitiba – PR

Quando ouvi o depoimento deste casal, imaginei que poderia utilizá-lo como um *teaser* publicitário. Ainda que possa cumprir o papel de publicidade, não é preciso. Esta história reforça, por si só, a firmeza e a segurança envolvidas neste projeto, que é um projeto de vida.

"O que mais me afligia atuando como enfermeira da UTI geral de um hospital era comunicar a notícia sobre morte de um paciente a um parente ou pessoa próxima. É difícil imaginar o quanto demorei para dominar meus sentimentos. Busquei, dentro de meu ser, sentimentos como frieza, tranquilidade, compaixão, até sangue frio, para passar por momentos tão sensíveis. É difícil imaginar o que significar se apegar às pessoas que chegam ali e lutam a cada dia pela vida. Como enfermeira, eu acompanhava as condições reais de cada um: a extrema gravidade, a desesperança, a certeza de que determinado paciente não passaria de mais uma noite. Também há outros, que chegam cheios de esperança, mas sabemos da seriedade. E o que dizer sobre os olhares de alguns pacientes terminais, que parecem ter consciência de que dali eles não sairão? Nós, enfermeiras, vivemos alegrias e sobressaltos, felicidade e dor, todos os dias; conhecemos mais do que ninguém a fragilidade humana – de fato, a vida é um sopro. Ao mesmo tempo, percebemos a imensa força que temos, força de lutar e resistir.

Durante dezessete anos, foi essa a minha rotina. Após esse período de trabalho insólito, em que acompanhava o sofrimento e a angústia das pessoas, salvava e perdia vidas, passei a buscar uma oportunidade de trabalho em um ambiente mais estimulante e menos sombrio.

Meu marido Marcelo é cantor da Le Figarroo, banda muito conhecida no Paraná. No dia do aniversário de Marcelo, dia 5 de fevereiro de 2018, aconteceu algo de que nunca esqueceremos. De repente, nossos amigos chegaram em nossa casa com uma surpresa:

– Trouxemos um presente completamente diferente. Vocês vão amar.

– E onde está esse presente? Vocês não têm um pacote, uma caixa, nada...

– Sentem-se e ouçam.

Durante um tempo, e de maneira clara, eles nos explicaram o projeto Aloha. Foi uma emoção, há muito tempo não ganhávamos nada tão original. Foi o melhor presente que meu marido poderia ter recebido. Ficamos impressionados com os empresários Carlos Wizard e suas filhas Thais e Priscila, todos líderes do negócio. Enquanto ponderávamos sobre o assunto, chegamos a uma conclusão simples, que nos convenceu do propósito do projeto. Como pais, jamais faríamos algo que prejudicasse nossos filhos Michael e Eduardo. Jamais montaríamos um negócio se houvesse qualquer possibilidade de dar errado, algo que pudesse desabar, de colocá-los em risco. Se nós pensamos assim, imagina o que Carlos Wizard pensa! Foi esse pensamento que nos fez abraçar o negócio. Aceitamos o convite e corremos atrás dos resultados.

Hoje, meu marido ainda canta. Sua agenda é lotada de eventos. A Aloha, por sua vez, se transformou em um projeto familiar. Estamos pela primeira vez fazendo um trabalho em conjunto, o que não tem preço! A Aloha resgatou nosso sonho de união e de propósito!"

A humildade do aprendizado é saber identificar os momentos em que nosso conhecimento pode ser útil e nos leva a ensinar e quando de nada serve e precisamos saber escutar o outro para aprender mais.

Passei a ver o mundo de forma diferente

Matheus Vieira
Aracaju – SE

Há momentos em que precisamos olhar para o que estamos fazendo, avaliar se estamos corretos em seguir determinado caminho, ou se cedemos à rotina e estamos adormecidos. Será que ainda acreditamos em nós mesmos? Será que aceitamos um recomeço profissional? Quantas vezes você pensou: será este o meu sonho, o que eu pensei fazer, meu ideal de felicidade? Esses eram os pensamentos que passavam na mente de meu amigo Matheus Vieira.

"Eu trabalhava no Banco do Brasil, no setor de investimentos. Por muito tempo, acompanhei e gerenciei outras contas, de meus clientes. Ao assumir essa função, dava tudo de mim: horas extras, finais de semana dedicados a produzir bons resultados. Aquele era meu trabalho e eu era elogiado pela competência. No entanto, havia algo que me causava desconforto, me importunava. Até o dia em que esse incômodo se concretizou em uma pergunta: 'Por que passo os dias aplicando o dinheiro dos outros quando, lá no fundo, meu sonho sempre foi aplicar meu próprio dinheiro?'. Tenho experiência, conheço os meios, tenho os canais, sou bom em relacionamentos. Foi com esse objetivo que entrei para a Aloha.

Começar não foi fácil. Nem imagina quantos "nãos" recebi quando apresentava o plano de negócio. As pessoas não acreditavam em mim. Muitos me perguntavam: 'Qual é a desse negócio? Você faz parte mesmo dessa empresa?'. Outros, simplesmente riam e comentavam: 'Você é uma pessoa tão inteligente. Como foi entrar nessa?'. Minha atitude, por outro lado, era ignorar os comentários negativos. A certa altura, me senti mal quando vi certas pessoas, que eu mesmo havia trazido para a rede, desistirem com o tempo. Ainda assim, pensei: 'Faz parte do negócio'.

Segui em frente e não desisti – desistir não faz parte de meu temperamento. Com resiliência e constância, trouxe e formei novos líderes para minha rede. Em setembro de 2018, consegui a qualificação de Diamante. Naquele mesmo mês eu havia acabado de fazer uma cirurgia de desvio de septo e amígdalas e estava de repouso, me recuperava em casa. Quando a campanha com pontos dobrados saiu, não sei nem como explicar, mas quando me dei conta, estava nas ruas, cheio de força, com o objetivo de expandir minha rede. Viajei pelas cidades de Maceió, Salvador e outras vizinhas, e consegui atingir meu objetivo.

Quando conheci Carlos Wizard, gravei um vídeo com ele. Foi algo precioso, uma inspiração para mim. De tempos em tempos, revejo as imagens, reabsorvo as palavras. Isso me faz pensar em como a experiência Aloha tem sido impactante em minha vida. Essa empresa mudou minha maneira de enxergar o mundo; modificou minha forma de lidar com as pessoas, me deu autoconhecimento e, principalmente, me fez amadurecer. O que aprendi em um ano de Aloha, levaria no mínimo dez anos para aprender em outra empresa. Esse modelo de negócio me deu uma vida épica, uma vida 'top', mas, e acima de tudo, me deu qualidade de vida. Não importa o que as pessoas digam, não arredo o pé da Aloha."

Empreender tem total conexão com aprendizado. Absorver o máximo de conhecimento no menor prazo é uma característica de todo líder.

Nunca mais nosso mundo foi o mesmo

Fabiano de Sousa Leite e Belkis Giacometi Mendonça
Caçapava – SP

Uma frase deste casal que apresento agora ficou em minha cabeça: "Somente lutamos intensamente pelas coisas e pessoas que amamos". Acredito que essa frase, curta e sintética, traduz a plena realidade, uma enorme filosofia de vida, e resume a experiência de sucesso de cada pessoa que é apaixonada por fazer o que faz.

"Um dia, Bel, minha noiva, por intermédio de um amigo, me apresentou um plano de negócio. Ele fez essa apresentação com tanto ardor, com tanta paixão e entusiasmo, que decidi estudá-lo e refletir sobre o modelo. Afinal, sou um homem racional. Minha graduação foi em Engenharia Civil. Sempre atuei em minha área. Porém, tamanho o fascínio de minha noiva pela Aloha, não tive dúvidas em fazer parte da empresa.

Como não conhecia nada sobre esse tipo de mercado, comecei do zero – literalmente do zero. No entanto, através de contínuos treinamentos e com maior familiarização com os produtos, me empolguei, e aprendi a maneira de trabalhar. Quando percebi, crescia mês a mês, e batalhava para ser Diamante Fundador.

Admito que foi fundamental modificar as crenças que me limitavam. Foi preciso desenvolver, internamente, buscas profundas para desenvolver novas habilidades. Hoje, o que mais me motiva nesse modelo de negócio, é saber que a pessoa que deseja participar não precisa de prévia experiência na área. Ela precisa de desejo, disciplina, inteligência e força de vontade. A partir dessas ações, qualquer pessoa pode vencer financeiramente.

A Aloha é um projeto que nos permite sonhar. Sabe-se que lutamos com intensidade apenas por aquilo que amamos. Posso afirmar, portanto, que faço Aloha por amor. Amor por minha equipe, meus familiares e meus clientes. Enfim, amo essa grande família que não para de crescer a cada instante, a cada dia. Hoje, a Aloha é minha missão de vida. Sinto-me honrado por fazer parte de uma empresa de causa tão nobre, a de transformar vidas. Nela, cada um é dono de seu destino e tem a missão de ajudar milhares a alcançar seus sonhos através desse projeto. Tenho como vocação transformar pessoas comuns em seres humanos extraordinários, para que eles possam, através do empreendedorismo, viver a vida que sempre sonharam. Depois de ingressar na Aloha, meu mundo nunca mais foi o mesmo."

A inteligência humana, unida à vontade de realizar, é que permite que as pessoas consigam transformar atividades comuns em algo extraordinário.

Somos como as águias que no meio da vida ganham outra vida, nova!

Ludmila Lana e Emerson Silva

Belo Horizonte – MG

Esta mulher encontrou uma das mais belas metáforas da natureza para mostrar como temos capacidade de mudar, de nos transformar. Ou seja, de renascer. A águia é uma ave que a certa altura da vida, com dor e sofrimento se refaz e se reinicia. Também nós, seres humanos, podemos fazer o mesmo, só depende de nossa fé e determinação.

"Trabalhei por nove anos em uma multinacional e obtive ótimos resultados no desenvolvimento e na formação de líderes. Sou uma pessoa motivada por desafios. Quando eu olhava para minha vida, a cada manhã ou noite, três pensamentos martelavam minha mente e meu coração, provocando enorme inquietação: horários fixos de trabalho, remuneração fixa (não importava meu desempenho), e a falta de reconhecimento. E o que eu fazia com relação a eles? Rogava a Deus por uma mudança de vida. Ansiava por algo que resgatasse o entusiasmo e a satisfação em minha vida profissional.

Passado algum tempo, creio que minhas preces foram ouvidas e, de repente, a Aloha entrou em minha vida, provocando maravilhosas metamorfoses.

Naquele momento, tudo se transformou em minha vida e me lembrei da antiga história da águia, que me parecia do reino da fantasia, mas acabou por refletir o que também se passou comigo. O meu principal desafio foi juntar coragem para recomeçar, acreditar em mim novamente. Por esse motivo, me vi como a águia que, na metade de sua vida, precisa tomar uma dificílima decisão: a de entregar os pontos e se dar por vencida, porque já não consegue mais voar, ou enfrentar um doloroso e complexo processo de renovação que consiste em voar para o alto de uma montanha, em local seguro de outros predadores, e de onde, para retornar, ela necessita dar um voo firme e pleno. Ao encontrar esse lugar, a águia começa a bater o bico contra a parede até conseguir arrancá-lo, suportando corajosamente a dor que dessa atitude. Com paciência, ela espera o nascer de um novo bico. Com ele, ela deverá arrancar as suas velhas unhas. Com as novas unhas, ela passa a arrancar as velhas penas. Após cinco meses, 'está renascida', refeita. E então, sai para o famoso voo de renovação, certa da vitória e de estar preparada para viver por mais trinta anos.

Foi exatamente isso o que aconteceu comigo. Passei por um momento de interiorização e renovação profunda das minhas crenças e valores, para resgatar cada uma que havia se perdido no processo. Refleti sobre o que não fazia mais sentido e em qual momento eu havia me perdido. Quebrei alguns paradigmas e identifiquei tudo aquilo que não era mais útil ou importante. Tudo isso para seguir voando. Quebrei muitas barreiras e bloqueios do passado. Exterminei ressentimentos e medos, e permiti que novos pensamentos e sonhos surgissem. Não sei viver de aparências. Para mim, tudo deve ser real para fazer sentido.

Após esse período, percebi a oportunidade magnífica que Deus colocou em minhas mãos, e entendi que tudo tem seu próprio tempo, tudo tem um propósito no plano divino, e que o mais importante é ser feliz e fazer o bem para o próximo! E é assim que me sinto hoje, leve e disposta a voar muito alto através da oportunidade incrível que é a Aloha! Essa escola de líderes chegou em minha vida para suprir as expectativas e as necessidades interiores. Hoje, faço meu próprio horário de trabalho, ganho de acordo com meu empenho pessoal, e o melhor, recebo muito reconhecimento por minhas vitórias.

Fazer parte dessa homenagem como Diamante Fundador é uma conquista que ninguém jamais poderá tirar de mim. Além de todas as realizações pessoais, posso dizer que amo os produtos que vendo, e acredito em sua qualidade e nos múltiplos benefícios que eles oferecem para a saúde. Enfim, hoje, posso afirmar que a filosofia Aloha tem tudo a ver com minhas crenças e meu estilo de vida."

O grande desafio para mudar um mau hábito arraigado não está no entendimento dessa necessidade, mas na percepção dos benefícios que o novo hábito trará. A razão justifica, mas é a emoção que nos impulsiona a agir.

A Aloha e eu somos um ser único, indivisível

Luis Chiaroto

São Paulo – SP

A primeira pergunta que fiz a meu amigo Luis Chiaroto foi: "Por que a Aloha? Qual a razão de tanto encanto? Você parece vivê-la 24 horas por dia. Come, dorme, sonha e pensa Aloha o dia todo". Ele mostrou um largo sorriso e respondeu:

"Meu caro Carlos, dou razão a você e a todos os amigos que me fazem a mesma pergunta. A resposta é uma só: 'Porque a Aloha e eu somos, hoje, um ser único, indivisível'. E tudo me parece tão claro, tão natural. Minha história é simples, objetiva. Ter alcançado a qualificação Diamante Fundador da empresa, além de ser uma grande honra, foi algo natural para mim, consequência de ter seguido todas as instruções que recebemos da própria Aloha. Toda essa filosofia de desenvolvimento pessoal em busca de uma realização maior é muito cativante.

Sou formado em Direito. Antes de conhecer o marketing de rede, eu trabalhava na BMW do Brasil. Lá, eu era gerente regional de pós-vendas e cuidava das concessionárias de todo o país. Durante anos, ministrei treinamentos para a área comercial de várias empresas. Treinava milhares de pessoas por ano em vendas, técnicas de negociação e fechamento de contrato.

Sempre ouvi dizer que a Aloha era uma empresa de valores bastante definidos, onde a família é respeitada, o que é muito importante para mim. A partir daí, me interessei aos poucos, percebi que participar daquilo era algo que estava em minha índole. Para mim, estar inserido num projeto grandioso, com pessoas queridas, de sucesso, me parecia muito motivador.

Assim, conheci a Aloha em seus primeiros estágios, antes mesmo de a empresa ter aberto vendas para o mercado. Tenho a satisfação de ter sido um dos primeiros membros da rede e de ter feito parte do primeiro Conselho Consultivo da empresa. Participei da primeira convenção e fiquei profundamente impressionado com a energia e a transparência transmitida pelo fundador. De maneira que fiz de tudo para conseguir – e consegui – criar um ótimo relacionamento com Carlos Wizard e suas filhas Thais e Priscila, meninas por quem nutro grande admiração. As filhas de Carlos são jovens de talento, se aferram a uma disciplina exacerbada e vivem totalmente dedicadas ao sucesso da empresa.

Identifiquei-me por inteiro com os valores, os propósitos e a maneira de encarar o trabalho que encontrei na Aloha. Como venho da área de treinamento, saber que faço parte de uma escola de líderes me motiva muito. Sem contar que os produtos são fantásticos. Quando percebi, estava apaixonado pelos óleos essenciais.

Cheguei à qualificação de Diamante Fundador através de muita leitura e estudo. Durante bastante tempo, pesquisei e tomei conhecimento dos produtos, entendi o modelo de negócio e criei planos eficientes. Nós, que somos da área, dizemos que nesse negócio não é preciso "inventar a roda". Tudo o que precisamos fazer é seguir passos já comprovados, como um mapa em direção ao sucesso. Seguindo o passo a passo básico que a empresa nos ensina, todos podem chegar ao nível Diamante. Nesse segmento, ainda contamos com diversas personalidades de sucesso com quem podemos nos identificar, nos espelhar, o que garante grande desenvolvimento.

Gostaria de compartilhar um pensamento do escritor Napoleon Hill, que muito me inspira: 'Medo é a ferramenta de um diabo idealizado pelo homem. A fé inabalável em si mesmo é tanto a arma que derrota esse diabo quanto a ferramenta que o homem utiliza para construir uma vida de sucesso. E é mais do que isso. É uma conexão direta com as forças do universo que apoiam o homem que não acredita em fracassos e derrotas, senão como experiências meramente temporárias'.

A Aloha sempre fará parte da minha vida. Cada vez mais, sonho em contribuir com o sucesso dessa empresa."

Quando conseguimos nos posicionar diante dos medos, mostrando a eles o nosso tamanho, a nossa força, atingimos um grau de maturidade que nos permite dizer: "estou pronto para a vitória!"

Um presente direto do paraíso

Carlos Romano
São Paulo – SP

Este comovente relato de meu amigo Carlos Romano descreve como a natureza se manifesta em total harmonia. Às vezes, vivenciamos cenas que nos marcam por toda a vida. Às vezes, restam enigmas que nunca iremos entender. Cabe a cada um interpretá-los e aceitá-los na busca da paz interior e da felicidade. Quem é apaixonado por animais de estimação, como eu, irá adorar a história de Romano.

"Quando minha filha Ana Carolina era pequena, na manhã de domingo do Dia dos Pais, de 2004, ela pediu um cachorro como presente. Depois do pedido, surpreso, disparei: 'Mas, filha, é Dia dos Pais e é você quem ganha o presente?'. 'Isso mesmo', ela respondeu. 'Você não quer ter uma filha mais feliz? Com um cachorrinho, você ganha de presente uma filha mais feliz.' Com essa lógica, ela me convenceu.

Levei toda a família ao canil para escolher o 'presente'. Lá, encontramos uma Golden Retriever de dois meses, bem fraquinha, toda desengonçada. 'É essa, papai.' Levamos a cachorrinha e adivinhe que nome ela ganhou? Acertou: Aloha! Ela se tornou a alegria da família. Você pensa que ela dormia com a Ana, no quarto dela? Que nada! Só dormia no meu quarto, no tapete do meu lado da cama. A Aloha nos deu muitas alegrias, muita felicidade. Depois de doze anos, em 2016, ela lamentavelmente nos deixou. Foi uma choradeira total lá em casa. Todos nós sentimos muito a sua partida. Um ano depois, em junho de 2017, um grande amigo me convidou para fazer parte de um negócio gigante. Quando soubemos que o negócio se chamava Aloha, nosso coração se encheu de emoção. Com isso, meu raciocínio foi o seguinte: minha filha Ana está casada e já tem uma filhinha. Antonella, minha primeira neta, acaba de completar um ano. Por ela pedir muito a atenção da mãe, querer sua presença o tempo todo Ana precisou parar de trabalhar. Acho que a Aloha, direto do paraíso dos cães, nos enviou a empresa Aloha. É ela quem está nos dando esse presente para preencher o vazio de nosso coração e trazer alegria de volta ao nosso lar.

Com esse pensamento em mim, aceitei o convite daquele amigo, como se fosse algo vindo dos céus. Logo depois também trouxe minha filha comigo. Agora, trabalhamos juntos, lado a lado. Quando recebi a qualificação de Diamante, perguntei a ela: 'Sabe para quem vou dedicar esta qualificação?'. 'Para mim?' 'Não', respondi. 'Vou dedicar este Diamante ao presente do Dia dos Pais que um dia você ganhou.'"

A troca de experiências que há entre os empreendedores é de um valor inestimável, pois cria um espírito de cooperação entre pessoas extraordinárias.

Eu sempre amei empreender

Fernando Cunha e Tatyana Karr
Aracaju – SE

Algumas pessoas arranjam todo o tipo de desculpas para justificar seu fracasso. Culpam os pais, a falta de formação, a falta de oportunidades, a cidade em que nasceram, o governo, o país. Alguns culpam até Deus por sua falta de sorte. Por outro lado, há pessoas que não aceitam desculpas na busca do sucesso. Esse é o caso de Tatyana, que após sair da UTI, ficou acamada por um mês, mas não desistiu de sua meta de se tornar Diamante Fundadora Aloha. Vamos começar com o relato de seu esposo, Fernando Cunha.

"Sou formado em marketing e atuei por 25 anos na área de venda de equipamentos médicos de grande porte. Fiz parte da Confederação Nacional dos Jovens Empresários (CONAJE) por mais de uma década e ajudei a criar o Conselho de Jovens Empreendedores (CJE) de Sergipe. Pelos últimos quinze anos, me dediquei a uma empresa de marketing multinível, até o ano de 2018, quando conheci a Aloha.

A inspiração para essa mudança foi fundamentada em três fatores: o primeiro é o fato de Carlos Wizard estar à frente do projeto. Sabemos que ninguém constrói uma reputação com o que pretende realizar, mas com o que já realizou. Ele certamente é um dos maiores empresários do país, já realizou muito. E a participação direta de suas filhas Priscila e Thais aumenta a credibilidade e a confiança no negócio. Em segundo lugar, os produtos naturais Aloha, voltados à saúde e à beleza, são produtos de fácil aceitação, com preços competitivos, de uso diário e contínuo. O terceiro aspecto diz respeito à minha prévia experiência na área. Tanto eu como Tatyana, minha esposa, já tínhamos longa experiência nesse setor.

Vou deixar que a Tati continue esta história."

"Eu sempre amei empreender. Desde pequena eu tenho essa pegada de empreender, esse espírito inquieto. Tentei, em algumas ocasiões, desenvolver uma empresa no mercado convencional. Esses projetos não foram adiante, o que me frustrava muito, me deixava muito triste. Ainda assim, não desisti, continuei minha busca, com a certeza de que iria encontrar algo em que eu me encaixasse e que desse certo.

Segui adiante com esperança e vontade de vencer. A vontade de realizar sempre foi muito grande em mim. Quando conheci o Fernando, eu já estava na empresa de marketing multinível. Nos apaixonamos, nos casamos e potencializamos os negócios. Juntos, pensávamos na mesma direção e da mesma forma, ambos acreditando no marketing multinível.

Foi nesse contexto que a Aloha chegou, trazendo vitalidade e renovação na minha vida. Não tivemos dúvida, mergulhamos juntos e de cabeça nessa experiência e agora estamos tão felizes com o projeto, com sentimentos de tranquilidade, prazer e realização.

No entanto, no início de 2018, comecei a sentir dores no corpo, mas não sabia o que era. Em maio, mês em que conheci a Aloha, descobri uma doença degenerativa na coluna. Em decorrência da doença, precisei passar por um tratamento seriíssimo. Passei por oito emergências, fiz a primeira cirurgia para aliviar as dores, depois fiz a segunda cirurgia para colocar seis pinos e uma prótese. Após quinze horas e meia de cirurgia e mais um período na UTI, tive que ficar acamada por trinta dias. Eu sabia que minha prioridade naquele momento era cuidar da minha saúde e eu fiz todas as sessões de fisioterapia, segui todas as orientações médicas. Acredito que minha recuperação se acelerou por conta do uso dos óleos essenciais Aloha. Mesmo assim, continuávamos em busca da qualificação de Diamante. Não foi fácil. Mesmo acamada, eu trabalhava, apoiando Fernando.

O que fizemos para conquistar o Diamante? Todos os dias, de sol ou chuva, o Fernando saía para realizar pelo menos três APNs. Não era apenas falar, era apresentar o começo, o meio e o fim de nosso plano de negócios. Durante 26 dias ininterruptos, no mês de setembro, cumprimos a meta e conseguimos atingir nosso almejado Diamante. Aliados às APNs diárias, fizemos acompanhamento de todos os membros de nossa equipe – presencialmente para quem estava em Aracaju e on-line para os que estavam distantes.

Somos evangélicos. Acreditamos que a Aloha surgiu em nossas vidas como um propósito de Deus e isso nos motiva. Temos muita fé, acreditamos no negócio, acreditamos em nós. Esse é nosso projeto de vida. Para mim e para o Fernando, Aloha significa união, qualidade de vida, valores. Ela se tornou uma missão."

O tempo é um recurso limitado, mas ele é o mesmo para os realizadores e para os procrastinadores. Fazer bom uso dele é um dos segredos do sucesso.

Somos gestores da nossa própria vida

Rodrigo Rezende

Salvador – BA

Admiro muito quem tem a humildade de se submeter a um programa de desenvolvimento pessoal através de sessões de *coaching*. Afinal, quem não precisa de mentoria? Todos precisamos. Não foi diferente comigo. Quando resolvi empreender, tive vários mentores e *coachs* que me auxiliaram a vencer barreiras, geralmente de ordem emocional. Agora, você vai conhecer o relato do Rodrigo, que conseguiu ter a coragem de abandonar sua rotina de bater ponto, todos os dias, na empresa em que trabalhava, através de uma série de sessões de *coaching*.

"Estava prestes a terminar minha formação em Coaching Integral Sistêmico, quando decidi não ser mais empregado de alguém. Já estava cansado de chegar às 8 horas da manhã na empresa, bater o ponto e ficar contando as horas para bater o ponto novamente apenas às 18 horas da tarde. Foi nesse momento que conheci a Aloha. Já estava com 28 anos e buscava valores de família, qualidade de vida, liberdade, crescimento, segurança e saúde. Na Aloha, encontrei todos esses elementos. Foi um momento de transição. Desde então, descobri o propósito de desenvolver pessoas. Hoje, sou muito feliz porque trabalho com minha esposa e com meu pai que é Master Coach.

Aloha para mim significa família, liberdade de poder ser dono do meu próprio negócio, sem barreiras; ela significa bem-estar, longevidade, liderança. O que mais me motiva é a possibilidade de qualquer um poder empreender, aprender a ser líder e crescer em um mercado que é tão lindo. Eu acredito que juntos desenvolvemos gestores da própria vida, gestores de negócio, gestores de uma nação. Enfim, vencedores."

Para formar um time vencedor, além de reconhecimento e de valorização, precisamos de metas claras, prazos determinados e recompensas motivadoras.

Agora, as pessoas não me enxergam mais como um cifrão

Isabelly Cunha

Aracaju – SE

Admiro pessoas que não aceitam o fracasso como uma barreira para conquistas futuras. Foi o que aconteceu com Isabelly. Mesmo após viver uma experiência decepcionante em outra empresa, ela resolveu dar a volta por cima, acreditou em si mesma e em sua vitória. Seu relato é breve, porém muito genuíno.

"No início, confesso que não acreditei neste projeto, em razão de uma experiência frustrante em outra empresa de marketing multinível. Mesmo assim, resolvi dar uma segunda chance a mim mesma. Depois de receber o convite de um amigo muito querido, decidi fazer o cadastro, fiz algumas indicações e o negócio começou a fluir. Na Aloha, encontrei pessoas de 'verdade'. Líderes que não me enxergam como um cifrão, mas como uma pessoa, de valores e princípios. Até hoje, não havia conhecido uma empresa que se importa tanto com as pessoas como a Aloha. Isso me fascina, me cativa.

Aqui, eu não poderia deixar de reconhecer o valor de todos os membros de minha equipe. Se não fosse por eles, não teria alcançado a qualificação de Diamante Fundador. Na verdade, essa qualificação não é minha, é deles.

Por fim, minha eterna gratidão a Deus. Que toda honra e toda glória seja dada a Ele. Gostaria de terminar com um versículo da Bíblia, de que gosto muito: 'Porque sou Eu que conheço os planos que tenho para vós', diz o

Senhor, 'planos de fazê-los prosperar e não de causar dano, planos de dar-lhes esperança e um futuro' (Jeremias, 29:11)."

As pessoas têm uma necessidade profunda de ser valorizadas. Por isso trate cada cliente como um ser único e especial.

Meu desejo é deixar um legado de amor ao mundo

Wanessa Leite Albuquerque

Sumaré – SP

Talvez, se a vida não tivesse sido dura com esta mulher, ela não seria tão bem-sucedida. Uma grande líder, hoje, ela ensina pessoas a se tornarem empreendedoras. Sua capacidade de visualizar a realização de seus objetivos, impressiona a todos, inclusive a mim. Vamos conhecer agora sua história de superação.

"A vida foi bem dura comigo, mas aprendi que as adversidades também trazem bênçãos. Tudo o que vivi foi um enorme aprendizado. Precisei trabalhar desde muito cedo para ajudar em casa. Vendi salgadinhos de porta em porta, fui estagiária, operadora de caixa, ajudante em consultório odontológico, vendedora de loja, até chegar à posição de gerente de multinacionais, onde liderei equipes de até quatrocentas pessoas. Por me sentir cansada, cada vez mais limitada, com a sensação de viver 'numa jaula', deixei o mundo CLT.

A partir daí, comecei a estudar marketing digital e, sozinha, abri minha marca de semijoias on-line. Tudo ia muito bem, até que comecei a sentir que algo faltava. Sentia um vazio, um oco dentro de mim, sem que eu soubesse definir o porquê. De repente, tudo ficou claro. O que me faltava era encontrar e desenvolver uma atividade onde eu pudesse crescer e, mais do que isso, ajudar outras pessoas a também crescer.

Certo dia, em conversa com amigos, percebi que o melhor que poderia acontecer seria entrar em uma empresa de MMN de grande fôlego financeiro, bom plano de negócios, valores importantes, missão, e produtos inovadores e de qualidade. Meu desejo soava como utopia, mas parece que o universo ouviu minhas palavras. Pouco depois, uma amiga me ligou afoita falando sobre uma nova empresa de óleos essenciais, produtos naturais, missão, plano de negócios sustentável. Era isso, nada na vida é por acaso. Quase dei um grito: 'Minha nossa, não acredito!'. Em seguida, falei: 'Era tudo o que eu queria, vamos nessa! Onde eu assino?'.

Vim para a Aloha porque entendi que venda direta é a melhor forma de empreender com o mínimo de investimento, e sem riscos. Vi a oportunidade de ajudar outros a conquistar sonhos que eles jamais conseguiriam alcançar como funcionários ou arriscando em outros empreendimentos de maneira solitária. Além de sentir que teria a belíssima missão de poder 'salvar' a população dos remédios alopáticos, através de óleos essenciais puros, de altíssima eficácia.

No início, o principal desafio foi lidar com as dúvidas que as pessoas me apresentavam. Era desafiador ajudá-las a entender que existem mais oportunidades na vida do que em um carimbo na CTPS. Depois dessa etapa, elaborei um plano para me tornar Diamante. Nessa trajetória, tive desilusões. Enquanto alguns entravam na minha rede, outros desistiam – o que é normal em qualquer segmento.

Apesar de praticar a gratidão como um objetivo diário, certo dia, fiquei inconformada por não ter conquistado a qualificação de Diamante e me vi pensando "fora da caixa". Passei a fazer contas e mais contas, os cálculos mais radicais, vivi noites e noites insones, agoniada. Até que concluí que a maioria das pessoas para quem eu apresentava o plano precisava enxergar muito além daquilo que estávamos apresentando no plano de negócio. Era preciso que elas entendessem o seguinte com clareza: quanto investir, quanto elas ganhariam depois desse investimento, além de como, quando e o que fazer. Preparei um simulador que esclarecia cada ponto e saímos em busca de mais pessoas. E não é que deu certo? Acredito que tudo só foi possível, porque eu tinha um sonho; orei muito, abri mão de viver vários momentos, foquei no estudo, nas pesquisas e no trabalho.

Desde o primeiro dia, eu me apresentava às pessoas de minha equipe dizendo: 'Aloha, meu nome é Wanessa, mas podem me chamar de DIAMANTE.'. Assim, eu demonstrava que ser Diamante Fundador significava muito mais do que o status de receber um *pin* na convenção. Essa graduação, como Diamante, tem um valor incalculável: significa poder contar minha história de vitória no livro de um dos empresários que mais admiro no país. Esse fator é essencial para inspirar milhares de pessoas a vencer em seus projetos.

A Aloha para mim é a luz que veio iluminar nossas vidas, pessoal e profissionalmente, por meio de produtos de qualidade e através da prática do empreendedorismo. Hoje, além de estar presente em meu dia a dia, a empresa compõe o meu pensamento, corpo e coração. A cada evolução, vibro mais do que se fosse comigo mesma, em especial quando se trata da minha equipe. Eu entendo a luta que cada um travou para subir cada um degrau a mais. Desenvolver pessoas e ajudá-las a serem protagonistas de suas próprias histórias não tem preço.

Fazer Aloha é mais do que fazer um trabalho. É sobre saúde, sobre deixar um legado de amor ao mundo – um legado sustentável –, sobre imaginar que as pessoas podem viver mais e melhor; é algo maravilhoso."

Aprenda a controlar suas emoções diante das adversidades da vida e prepare-se para superar os grandes desafios, pois a superação na grande prova da vida não se mede apenas pela distância percorrida, mas, principalmente, pelos obstáculos superados.

Aprender a ter paciência, sem perder a paciência

Silvia Oliveira Carlos
São Paulo – SP

Neste depoimento, o que me deixou feliz foi percebê-lo como um resumo, em poucas linhas, das qualidades necessárias para se chegar ao sucesso. É preciso saber que alcançar vitórias demanda muito esforço e persistência. No relato de Silvia, estão descritas normas concisas, breves e precisas que podem ajudar a todos.

"Trabalhei por muitos anos como bancária e vendedora de produtos de beleza, para diversas marcas que faziam suas vendas através de catálogos. Dotada de um espírito empreendedor, depois de pesquisar o mercado, resolvi abrir uma franquia do restaurante Divino Fogão. Mais tarde, resolvi expandir o meu negócio. Hoje, tenho quatro restaurantes e já atuo há mais de vinte anos nesse segmento.

O meu primeiro contato com a Aloha foi através de uma amiga. Resolvi investir nesse negócio porque, nele, visualizei uma forma de ajudar pessoas que fazem parte de minha vida. Quando visitei a sede da empresa, soube que a Aloha fazia parte do Grupo Sforza, o que fez com que eu me interessasse ainda mais. Aquele negócio tinha mesmo grande importância, seriedade e profissionalismo. Mas algo mais me chamou atenção: o foco que a empresa dá à área de treinamento, voltando-se ao desenvolvimento pessoal, saúde e bem-estar.

Chegar à qualificação de Diamante não foi fácil. Procurei utilizar tudo o que aprendi nas convenções e reuniões on-line e presenciais. Muitos dizem que é simples alcançá-la. Pode até ser, para alguns, mas não pensem que é fácil; não é, nem um pouco. Na realidade, exige trabalho e dedicação. Prospectar e fidelizar pessoas é uma arte. Trata-se de um trabalho em que não existe a palavra 'descanso'. O maior desafio é fazer as pessoas acreditarem em algo que elas desconhecem. Significa abrir mentes, motivar, e conscientizar cada um do potencial que eles dispõem. Sem contar com o fato de que alguns já chegam cheios de descrença e preconceito, em especial devido a experiências frustrantes enfrentadas em outras empresas que não agiram de forma justa e correta. Outros pensam que o sucesso é imediato, basta se cadastrar na Aloha – essas pessoas precisam entender que a vida não é assim; nunca foi, jamais será. Basta observar a trajetória de nosso presidente Carlos Wizard. Ele precisou batalhar, e muito, mas muito mesmo para chegar no lugar em que chegou. Tem gente que sonha com o sucesso, pensa que ele cai do céu, sem querer pagar o preço da conquista. Tais pessoas confundem o simples com o fácil, o que é muito diferente. Uma coisa pode ser simples, mas é preciso trabalhar muito, mas muito, com comprometimento e persistência, com o desejo de aprender, de evoluir, saber ter paciência, muita paciência. Assim como eu mesma fiz: aprender a ter paciência, sem perder a paciência . E na sequência, sabe o que é preciso ter? Um pouco mais de paciência. Continuo a enfrentar desafio em cima de desafio, e sei será assim por toda a minha vida. Afinal, é através dos desafios que crescemos."

Quanto maior for sua capacidade de resolver problemas, maior será seu valor como líder.

Para eu ganhar, você não precisa perder

Murilo Barbosa e Kátia Moroz Pereira César
Campo Grande – MS

Este emocionante relato demonstra a parceria de duas pessoas queridas, juntas desde a faculdade. Os dois passaram por muitos desafios, venceram muitas batalhas, em busca de um sonho: fazer o bem e ajudar os mais necessitados. Eles se complementam em suas competências e hoje, casados há tantos anos, nos ensinam que uma pessoa não precisa perder para a outra ganhar.

"Eu e a Kátia começamos a namorar na faculdade, quando cursávamos, os dois, Direito. Ao terminar a faculdade, montamos um escritório de advocacia juntos. Quando começamos nossa carreira, resolvemos desenvolver, em nossa cidade Campo Grande, no Mato Grosso do Sul, uma ação social em benefício de uma população carente. Escolhemos um bairro, onde havia moradores de baixa renda, habitando conjuntos habitacionais. O objetivo era beneficiar pessoas que não dispunham de recursos para contratar um advogado, e dar a elas o direito à defesa. A estratégia era passar em determinados conjuntos, com um carro de som, anunciando uma reunião sobre atendimento legal toda sexta-feira. Na ocasião dessas reuniões, minha prima e sócia Viviam também nos acompanhava. Ouvíamos um por um. Fazíamos uma análise de suas reivindicações – algumas eram simples, outras complexas, outras ainda absurdas. Apresentávamos os direitos de cada um, em cada caso, e entrávamos com ações de defesa. Para nossa total decepção, passados mais de oito anos do ajuizamento dessas ações, os nossos 1.600 clientes ainda não haviam recebido uma única conclusão para seus casos. Ou seja, não conseguimos mudar a realidade de nenhum deles da forma que imaginávamos ser possível. A morosidade do sistema judiciário brasileiro nos deixou frustrados. Foi exatamente neste ponto da história que a Aloha apareceu em nossas vidas: uma oportunidade real de transformação mais concreta na vida das pessoas.

Certo dia, nosso compadre Marcio veio até nossa casa. Somos padrinhos de sua filha, e ele é padrinho de nosso caçula.

– Murilo, tudo bem com você? Como está seu escritório?

– Ah, Marcio, está tudo bem, obrigado

– Você estaria aberto a novas oportunidades negócio?

– Se for coisa boa, claro que sim!

Como se tratasse de um pequeno segredo, ele nos apresentou a Aloha. Quando ele falou do plano de negócio, eu fiquei doido.

Admito que sou um pouco atirado. Já a Kátia é mais analítica, mais comedida, me pediu calma para pensarmos sobre o assunto, estudarmos melhor para depois decidir alguma coisa. Ainda que ela pedisse, eu queria fazer parte daquele negócio. 'Desde a faculdade estamos juntos. Vamos entrar juntos nessa!'

Quando entendemos que o negócio é uma ferramenta muito poderosa para transformar a vida de milhares de pessoas, entendemos que precisávamos mudar primeiro a nossa vida. Estudamos muito e colocamos tudo em prática. No início, algo que nos surpreendeu foi entender que não chegaríamos ao sucesso com pessoas que queríamos que fizessem parte da rede; aqueles que nos levariam ao sucesso são as pessoas que querem fazer parte da rede, que estão naturalmente à procura de uma oportunidade de renda extra. Foi esse o nosso maior desafio.

Hoje, temos o sentimento de que quanto mais pessoas ajudamos, mais saúde, felicidade e prosperidade nós alcançamos. E essa realidade tem muita força; como advogados, não trabalhamos com a existência de um empate. Para ganharmos uma ação, alguém tem que perder – em uma ação judicial, ou a ganhamos ou a perdemos. Na Aloha, acontece justamente o contrário: para ganharmos, quem está conosco tem que ganhar primeiro; além disso, quanto mais elas ganharem, mais também ganhamos. Então, esse jogo em que todos ganham é fantástico, nos anima, nos entusiasma, nos empolga.

Por fim, posso dizer que nos sentimos como em um sonho. Temos ainda mais aflorada a missão de beneficiar e inspirar o maior número de pessoas possível. Durante as apresentações, sempre comento que a Aloha é um foguete rumo a um destino transcendental. Quem tiver a sabedoria de subir nesse foguete, vai subir muito, muito depressa, e muito longe."

O verdadeiro líder é capaz de controlar suas emoções em momentos de pressão.

O primeiro Diamante do Norte

Sergio Durval e Rosiani Queiroz
Belém – PA

Confesso que cada uma das histórias que trago para este livro me comove profundamente. Tenho orgulho em poder escrever estas histórias, como uma forma de homenagem aos líderes que tornam a Aloha o que ela é: uma vitoriosa escola de empreendedores. Quando procurei Rosiani e Sérgio, já conhecia parte da trajetória deste casal. Os dois já haviam tentado três negócios em Belém do Pará: uma distribuição de marmitas – os famosos "marmitex" –, uma loja de confecção e uma lanchonete. Eles começaram assim:

"Sabe, Carlos, todos os negócios que começamos foram sem dinheiro, sem experiência, sem estrutura. Resultado: os três negócios quebraram e perdemos tudo."

Mas, vejam só a força deste casal maravilhoso. Por acaso eles desanimaram? Em momento algum. Para sustentar a família, Sergio não titubeou, começou a fazer dedetização em casas e apartamentos. Um trabalho modestíssimo, que exigia força. Ainda assim, a situação incomodava Rosiani, que conhecia bem o marido e acreditava em sua capacidade. Rosiani sabia que ele tinha espírito de liderança, que era capaz de coisas maiores.

"Eu sempre o imaginei fazendo algo diferente, algo que pudesse ajudá-lo a desenvolver seu potencial profissional. Por isso, todos os dias dedicávamos um tempo para pensar, conversar, entrar na internet, olhar os jornais em busca de um empreendimento."

Um dia, em que estavam em Belém do Pará, viram o anúncio de um evento para empreendedores em São Paulo via Facebook. Rosiani teve um clique, uma espécie de luz. Na hora, ela insistiu marido. O diálogo dos dois foi mais ou menos assim:

– Você deve ir neste evento.

– Você acha? Mas como? É em São Paulo, olhe a distância. E o dinheiro para passagem, hotel, comida, condução?

– Pensei nisso tudo, só que, aqui, dentro de mim, algo me diz que você deve ir a este evento. Será bom para nós dois.

– Mas São Paulo...?

– Você vai. Na volta, vai trazer algo novo para nosso povo de Belém.

Feliz, Rosiani afirma:

"E assim aconteceu. Fizemos um empréstimo, Sergio foi e a resposta veio logo. Um dos palestrantes era Carlos Wizard. Ele seria responsável por falar sobre o projeto Aloha. A partir daquele momento, meu marido teve a certeza do motivo do impulso de viajar até São Paulo. A Aloha seria o negócio de nossas vidas."

Admiráveis estes dois. Observem a crença e a dedicação. No início da empresa, em junho de 2017, Rosiani e Sergio não tinham o valor para adquirir o kit inicial de produtos. Mesmo assim, eles não se intimidaram, não tiveram medo de arriscar; eles sabem que os riscos são parte de qualquer empreendimento. E os dois me confessaram que recorreram ao cartão de crédito. Entraram na rede com a cara e com a coragem. Hoje, os dois têm parceiros de negócios no Brasil inteiro.

Curioso, perguntei a eles como conseguiram a qualificação de Diamante. Ao que eles sorriram, vitoriosos:

"Não teve segredo. Respondo que não tem segredo. Apenas trabalho, trabalho e acreditar no que se faz. Trabalhávamos durante o dia, no horário comercial, voltávamos para casa, jantávamos e fazíamos um balanço do dia. Além disso, várias noites e muitos finais de semana, eu e meu marido íamos juntos, bater de porta em porta, falávamos com cada pessoa, cada amigo, cada indicação. Nunca desistimos. Hoje, posso afirmar que essa empresa foi um presente de Deus para nós."

Mas houve mais, e quando eles me contaram, confesso que aquilo me tocou fundo. Ali, percebi a alma e o espírito daqueles que acreditam na Aloha, tanto quanto Thais, Priscila e eu mesmo. Os dois disseram:

"Em determinado momento, nos encontramos diante de um grande dilema. Faltavam três dias para acabar o período para obtermos a tão almejada qualificação de Diamante. Mas faltavam vinte mil pontos para fecharmos o mês. Fazer o quê? Tivemos humildade, porque somos assim, de falar com cada membro da equipe e dizer que precisávamos desses vinte mil pontos. Ligamos para cada um e pedimos que fizessem o pedido de produtos para atingir essa meta. O povo do Norte é um povo sofrido, é um povo carente, mas é um povo unido. É claro que a gente sabe que cada um depende de si próprio, mas somos uma equipe e ajudamos uns aos outros. E foi assim que alcançamos a qualificação como o primeiro Diamante Aloha da região Norte do país. Ao receber esse reconhecimento, choramos de alegria. Foi incrível!"

Emocionado, admiti: "Este é o espírito Aloha: todos voltados para o sucesso de cada membro da equipe, inclusive para o sucesso do líder".

A emoção de uma conquista compartilhada com toda a equipe consegue gerar uma unidade inabalável, pois o sucesso de um é resultado de um grupo de pessoas unidas em torno de um objetivo comum.

Parabenizamos com muito carinho e respeito os empreendedores Diamantes Fundadores Aloha abaixo citados.

Robson Drezett, de São Paulo – SP

Ailton Nabor da Guarda e Zenilda da Guarda, de Curitiba – PR

Capítulo 9

Você nasceu para brilhar!

Se você chegou até aqui, meus parabéns! Há um diamante muito valioso em você! E estou convencido de que você nasceu para brilhar! Sim! Eu acredito em você. Eu acredito em seu sucesso. Eu acredito no Brasil! Vivemos num país abençoado, cheio de riquezas naturais e humanas! Somos um povo criativo, trabalhador, empreendedor. E é por isso que invisto aqui, é por isso que insisto em dizer que o melhor caminho para crescer é ajudando outras pessoas a se desenvolverem. Essa é a minha essência, está em meu DNA.

Minha satisfação ao escrever este livro é saber que muitas pessoas serão inspiradas com as experiências aqui compartilhadas. E é nesse espírito de cooperação que espero que seus sonhos, despertados ao longo desta leitura, estejam ainda mais vivos em sua mente, porque quando temos um objetivo e agimos em direção a ele, aumentamos muito nossa capacidade de realização. A vida que vale a pena ser vivida é uma vida cheia de luz! Intensa, transparente, repleta de emoções. Quando caminhamos para a luz, somos iluminados e, ao refleti-la, percebemos que podemos iluminar também a vida daqueles que estão ao nosso redor!

Eu desejo, do fundo do coração, que este livro possa ter lhe inspirado para buscar ou confirmar o seu propósito de vida, pois aquele que encontra o seu propósito, naturalmente, vive com mais *saúde*, *prosperidade* e *felicidade*!

E, finalmente, quero convidá-lo a resgatar sua capacidade de sonhar, de olhar para dentro de si e contemplar seu potencial infinito! Quero que você perceba a luz em seu interior! Sim, porque você nasceu para brilhar! Essa é a sua **essência**! Nessa jornada empreendedora, estamos juntos, porque fomos, somos e sempre seremos *empreendedores por natureza*. Essa é a nossa **essência**. Isso é ser *Aloha!*

A satisfação de ter escrito este livro vale mais do que um diamante.

Um presente para você

Receba gratuitamente o livro:

COMO MANTER UMA FAMÍLIA FELIZ

*relacionamento conjugal
*relacionamento pais e filhos
*planejamento
*comunicação
*recreação

www.familiaeterna.net.br

Fontes ARNO PRO, FUTURA
Papel ALTA ALVURA 90 G/M²
Impressão IMPRENSA DA FÉ